Máiréad Ní Ghráda

AN TRIAIL

Leis an údar céanna:

Drámaí Scoile
Hansel agus Gretel
Muire na nGaedheal
Cúchulainn
Ridire Bóthair
Ríte
An Circín Rua
Alaidín
Abracadabra
Ali agus Núnú

Drámaí Eile
Mícheál
An Uacht
An Grá agus an Garda
Giolla an tSolais
Lá Buí Bealtaine
Úll Glas Oíche Shamhna
Súgán Sneachta
Stailc Ocrais
Mac Uí Rudaí
Breithiúnas

Aistriúchán
Tír na Deo

Gearrscéalta
An Bheirt Deartháir agus Scéalta Eile

Leabhair do Pháistí
Micí Moncaí
Máire agus a Mála
Manannán

AN TRIAIL

Dráma Dhá Ghníomh

Máiréad Ní Ghráda

Réamhrá
An Dr Éadaoin Ní Mhuircheartaigh

Baile Átha Cliath

An Chéad Chló
© Rialtas na hÉireann, 1978
Athchló 1995, 1998, 1999

© Foras na Gaeilge, 2000
Athchló curtha air 18 n-uaire

An t-eagrán nua seo
© Foras na Gaeilge, 2021
Athchló 2023

Dearadh agus leagan amach: Graftrónaic
PB Print a chlóbhuail in Éirinn
ISBN 978-1-85791-973-8

Gach ceart ar cosaint. Ní ceadmhach aon chuid den fhoilseachán seo a atáirgeadh, a chur i gcomhad athfhála, ná a tharchur ar aon mhodh ná slí, bíodh sin leictreonach, meicniúil, bunaithe ar fhótachóipeáil, ar thaifeadadh nó eile, gan cead a fháil roimh ré ón bhfoilsitheoir.
Is le hoidhrí an údair na cearta léirithe.

Foilseacháin an Ghúim a cheannach:

Siopaí
An Siopa Leabhar (01) 478 3814
An Siopa Gaeilge (074) 973 0500
An Ceathrú Póilí (028) 90 322 811

Ar líne
www.litriocht.com
www.siopagaeilge.ie
www.siopaleabhar.com
www.siopa.ie
www.cic.ie
www.iesltd.ie

An Gúm, Foras na Gaeilge, 63-66 Sráid Amiens, Baile Átha Cliath 1

CLÁR

Réamhrá	2
Gníomh a hAon	21
Gníomh a Dó	69

RÉAMHRÁ

An Triail, anois, tá sé sin bunaithe ar chás a tharla i mo pharóiste féin agus mé i mo leanbh. Cailín mar sin go raibh leanbh aici agus gur díbríodh as an bparóiste í. Ní raibh a fhios againne – leanaí – riamh cad a bhain di. Is cuimhin liom go raibh loch san áit agus bhínn ag siúl thar an loch gach maidin ar mo shlí chun na scoile agus bhínn ag féachaint isteach san uisce dubh dorcha a bhí ann, agus na bileoga báite san uisce agus mé ag fiafraí díom féin, n'fheadar an bhfuil an cailín sin anois ag bun an phoill nó cá bhfuil sí? Is dócha go raibh a fhios ag na daoine fásta cad a bhain di, ach ní raibh a fhios againne, leanaí. Agus dá óige mé, d'fhág sé sin rian ar m'aigne riamh: an éagóir a deineadh ar an gcailín sin. Díbríodh as an bparóiste í ach bhí a fhios ag gach éinne cérbh é an fear agus níor deineadh rud ar bith don bhfear. Ach an cailín bocht a d'fhulaing. Agus is as san is ea d'eascair *An Triail* (Ní Ghráda in Ní Chaoimh, gan dáta).

Bunús scéal an dráma

In agallamh ar Raidió Éireann faoina saol agus a saothar, thug Máiréad Ní Ghráda eachtra óna hóige chun cuimhne, mar a díbríodh cailín óg a bhí ag iompar clainne óna háit dúchais. Tugann cuntas Mháiréad éachtaint dúinn ar dhiansmacht morálta an phobail ar mháithreacha aonair agus ar an meon a bhain lena leithéid ag an am. Léiriú é chomh maith ar na caighdeáin mhorálta éagsúla a bhí i gceist d'fhir agus do mhná: d'íoc an cailín go daor as na rialacha a shárú ach féach nár cáineadh an fear ar chor ar bith. Ghoill an deargéagóir sin go mór ar Mháiréad. Déanann sí cur síos uirthi féin ar a bealach chun na scoile, ag gliúcaíocht isteach san 'uisce dubh dorcha', le féachaint an mbeadh an cailín díbrithe thíos ar thóin an locha. Íomhá dhuairc scanrúil is ea í sin a chuireann an rúndacht, an náire agus an t-uafás a bhain leis an scéal in iúl ar bhealach an-chumhachtach. Blianta fada ina dhiaidh sin, nuair a chrom sí ar *An Triail* a scríobh, chuir sí iachall ar an tsochaí féin breathnú isteach san 'uisce dubh dorcha' agus aghaidh a thabhairt ar a raibh ceilte ann. Má bhí an dráma fréamhaithe in eachtra ó thús an fichiú haois, ceist phráinneach chomhaimseartha a bhí á cíoradh aici chomh maith nuair a scríobh sí é sna 1960idí. Líon na mban a bhí ag cur fúthu in árais do mháithreacha is leanaí bhí sé ag méadú ó bunaíodh an stát agus bhí an patrún in Éirinn as alt ar fad le tíortha eile. 'Admissions to the homes reached a peak in the 1960s and 1970s, though by that time most mother and baby homes in other countries had closed' (Wills 2021). Cheistigh *An Triail* an stát agus an tsochaí a cheadaigh é sin. Gníomh misniúil a bhí ann, a thug dúshlán an chultúir rúndachta agus a chaith solas orthu siúd a bhí imeallaithe sa phobal.

An t-údar

Is mar dhrámadóir is mó aithne ar Mháiréad Ní Ghráda (1896-1971) sa lá atá inniu ann ach bhí baint mhór aici le cúrsaí oideachais, le cúrsaí foilsitheoireachta agus leis na meáin chumarsáide lena linn. Rugadh agus tógadh i gCill Mháille i gContae an Chláir í. Bronnadh scoláireacht ollscoile uirthi agus thug sí faoi chéim BA i gColáiste na hOllscoile, Baile Átha Cliath. Lean sí lena cuid léinn agus bhain sí amach MA faoi stiúir Dhubhghlais de hÍde (Ó Ciosáin 1995: 93). Bhí sí gníomhach i gConradh na

Gaeilge agus i gCumann na mBan agus bhí sí ina rúnaí roinne sa Roinn Trádála agus Tráchtála sa chéad Dáil agus go leor freagrachtaí éagsúla uirthi sa ról sin. Chaith sí seal ina múinteoir meánscoile agus bhíodh drámaí á léiriú aici leis na daltaí. Fostaíodh mar chraoltóir le 2RN í in 1927, áit ar léirigh sí cláir do mhná agus do pháistí (Morgan 2002). Bhíodh béim mhór aici ar chúrsaí litríochta agus drámaíochta sa chlár do pháistí, *Uair i dTír na nÓg*, agus bhíodh an-tóir air mar chlár (Ní Bhrádaigh 1996: 20). Ghlac sí ról níos sinsearaí chuici féin ó 1929-1935 mar dhuine de phríomhchraoltóirí an stáisiúin, agus ba í an chéad bhean a ceapadh sa ról áirithe sin, ní hamháin in Éirinn ach sa Ríocht Aontaithe chomh maith (Morgan 2002: 56). D'oibrigh sí ina dhiaidh sin mar eagarthóir Gaeilge leis an bhfoilsitheoir Brún & Ó Nualláin, ag scríobh agus ag ullmhú téacsleabhair scoile. D'aistrigh sí agus scríobh sí drámaí agus scéalta do pháistí freisin agus chóirigh sí scéalta béaloidis don chló (Ní Bhrádaigh 1996: 21).

Máiréad Ní Ghráda mar dhrámadóir

Ó thaobh na drámaíochta de, chleacht sí stíleanna difriúla i dtréimhsí éagsúla. Tá an greann chun tosaigh ina cuid luathdhrámaí sna 1930idí, *An Udhacht* agus *An Grádh agus an Gárda*, agus is fronsaí taitneamhacha iad (O'Leary 2017: 31). Léiríodh a céad dráma fada, *Giolla an tSolais*, in Amharclann na Mainistreach in 1945, agus pléitear le hábhair níos casta ann – an cathú, saint agus éad. Idir 1953-1961 scríobh sí roinnt gearrdhrámaí samhlaíocha tarraingteacha – *Lá Buí Bealtaine, Úll Glas Oíche Shamhna, Súgán Sneachta* agus *Mac Uí Rudaí* – agus léiríodh go han-mhinic iad sna blianta sin. Bhain an t-athrú stíle sin le polasaí nua a bhí i bhfeidhm in

Amharclann na Mainistreach ag an am, gan drámaí fada a léiriú i nGaeilge. Ina áit sin, chuirtí gearrdhráma Gaeilge ar siúl i ndiaidh na mórléirithe Béarla agus d'fhanadh méid áirithe den slua le féachaint air (Ó Siadhail 1993: 88). Tá greann agus stíl an-tarraingteach ag baint leis na gearrdhrámaí sin agus bhíodh an-tóir ag grúpaí pobail orthu ag féilte drámaíochta. Tá meascán de véarsaíocht, prós, ceol agus amhráin sna drámaí agus ba é an cumadóir aitheanta Seán Ó Riada a chum an ceol agus a chóirigh na hamhráin do na léirithe in Amharclann na Mainistreach. D'imir an léiritheoir Tomás Mac Anna an-tionchar ar stíl na ngearrdhrámaí freisin agus é ag baint úsáid as cleasanna éagsúla le léirithe físiúla, mealltacha a chruthú, ina raibh 'an tsamhlaíocht ... mar mháistir ar an stáitsíocht' do lucht féachana a bhí ar bheagán Gaeilge go minic (Mac Anna 2000: 126). Ba leathbhádóirí maithe iad agus bhí an dearcadh oscailte céanna acu beirt i leith na drámaíochta:

> Her interest in blending experimentation with a tested practical approach to crafting plays was only confirmed by her work with Tomás Mac Anna, another theatrical innovator willing to try anything he knew or thought would work on stage (O'Leary 2017: 67).

Níor cuireadh béim ar an seit ná ar phrapaí, ach cuireadh radharcanna éagsúla agus suíomhanna éagsúla in iúl i míreanna gairide. Bhí cur chuige nua á fhorbairt acu, a thug cúl leis an nádúrachas (stíl a d'fhéach leis an saol réalaíoch a 'athchruthú' ar stáitse). Mar a mhínigh Tomás Mac Anna:

> Ní fhaca mé cad ina thaobh nach mbeadh an drámaíocht Ghaeilge ag dul a bealach féin, beag beann ar an réadaíocht, ag brath níos mó ar an scéalaíocht agus an rannaireacht agus ar an áiféis. Chuireas chuige na tréithe sin a thabhairt chun cinn

sna cluichí gearra sin a sádh isteach mar aguisíní ar an gclár, agus ag deireadh thiar tharla sé gur fhan roinnt mhaith den lucht éisteachta siar agus a fhios acu go mbeadh an cluiche Gaeilge éagsúil lena raibh feicthe acu i mBéarla (Mac Anna 2000: 126).

Feictear cuid de na gnéithe stíle céanna sna drámaí fada a bhain cáil amach di sna 1960idí, *An Triail* (céadléiriú 1964) agus *Breithiúnas* (céadléiriú 1968). Is minic a luaitear tionchar Bertolt Brecht (1898-1956) leis na drámaí sin, agus an stíl amharclannaíochta a bhí ag teacht i dtreis go mór sa tréimhse iarchogaidh san Eoraip. Baineadh úsáid réasúnta scaoilte as an téarma 'Brechtach' sa phlé ar chúrsaí drámaíochta in Éirinn ag an am, agus mar a shonraigh Joan Fitzpatrick Dean, úsáideadh an lipéad le cur síos a dhéanamh ar go leor teicnící difriúla:

> ... 'Brechtian' in the 50s and 60s might refer to 'alienation' (the A-effect or *Verfremdungseffekt*), episodic drama played on a bare stage, agit-prop theatre, the use of slide projections or placards, manipulations of the fourth wall or myriad other departures from theatrical realism, naturalistic characters and method acting (Fitzpatrick Dean 2021: 82).

Tugadh suntas do chuid de na teicnící sin agus do struchtúr neamhghnách *An Triail* nuair a léiríodh ar dtús é, in Amharclann an Damer ar an 22 Meán Fómhair 1964.

An Triail: stíl agus ábhar

Cuirtear scéal an dráma inár láthair mar chás cúirte agus beirt aturnaetha ag labhairt go díreach leis an lucht féachana, atá mar ghiúiré ar an gcás. Tugann na carachtair éagsúla fianaise os comhair cúirte agus baintear leas as iardhearcthaí le heachtraí ó shaol Mháire a chur i láthair. Tá an dráma roinnte ina mhíreanna gearra, mar a bheadh dráma teilifíse ann (Ó Ciosáin

1995: 9) agus fuair an léiritheoir Tomás Mac Anna ardmholadh as an gcaoi ar láimhsigh sé an t-ábhar, 'almost cinematographic technique in production' (Ní Eachthigheirn 1965). Bhí an léirmheastóir Sasanach Harold Hobson an-tógtha le gnéithe éagsúla den stáitsiú – na hiardhearcthaí, na ceannlínte nuachta a teilgeadh ar scáileán, agus an amhránaíocht.

> By means of flashbacks, of newspaper headings thrown on to a screen, of the nostalgic, the almost heart-breaking singing off-stage of an old Irish ballad of a betrayed maiden, the whole sad story is told with affection, with humour, with excitement and with charity (Hobson 1964).

Ba í an file agus an t-amhránaí aitheanta Caitlín Maude a bhí sa phríomhpháirt don chéad léiriú sin agus an t-amhrán traidisiúnta 'Siúil, a ghrá' á chanadh aici.

Mhaígh Mac Anna blianta fada i ndiaidh an léirithe nach raibh sé ag cloí go docht le dogma Brechtach sa léiriú, ach ag leanúint leis an stíl a bhí forbartha aige thar na blianta, a raibh meascán de rudaí difriúla in úsáid inti. 'I did *An Triail* by Máiréad Ní Ghráda which was lauded to the skies – people said it was very Brechtian. If it was Brechtian, it was a thing I was doing for years and years myself' (Mac Anna in Chambers, Fitzgibbon agus Jordan 2001: 282). Pé téarma a úsáidtear, d'aithin an lucht féachana agus léirmheastóirí ag an am mar dhráma nuálach é, i bhfad ón ngnáthshuíomh i gcistin tuaithe – suíomh a bhí imithe chun leimhe ar fad faoin am sin i ndrámaí Éireannacha. Mar a dúirt léirmheastóir amháin go magúil 'Cinnte tá an cupán té (agus an cupán caife) is an sagart ann, ach is ar éigean a aithneofaí iad. Ná ní fhacamar aon driosúir ach an oiread' (Mac Suibhne 1964: 10).

Má bhí úire ag baint le foirm agus le stáitsiú an dráma, bhí an t-ábhar a bhí faoi chaibidil gach pioc chomh ceannródaíoch.

Chuir Máiréad Ní Ghráda ábhar an-chonspóideach i lár stáitse agus phléigh sí go neamhbhalbh le mórcheisteanna sóisialta agus morálta. Tá fulaingt an phríomhcharachtair, Máire, mar chroílár an dráma agus tugtar léargas ar an imeallú a rinneadh uirthi sa tsochaí. Tá tagairtí don ghinmhilleadh, tá carachtair ar oibrithe gnéis iad agus déantar cáineadh láidir ar fhimíneacht an phobail. Tuigeann an lucht féachana ó thús an dráma gur mharaigh Máire a leanbh agus iarrtar orainn an cás a scrúdú go fuarchúiseach. Cuirtear an cailín óg neamhurchóideach inár láthair agus tugtar cuntas sna hiardhearcthaí ar gach ar bhain di ón oíche ar bhuail sí le Pádraig Mac Cárthaigh, máistir scoile pósta, den chéad uair. Tugtar spléachadh dúinn ar an gcaidreamh rúnda agus tugtar le fios ina dhiaidh sin go bhfuil Máire ag iompar clainne. Tréigeann Pádraig í, díbríonn a muintir í agus tugann sí aghaidh ar Bhaile Átha Cliath ina haonar. Faigheann sí post ag tabhairt aire do pháistí ar feadh tamaill ach cuirtear chuig 'teach tearmainn' í nuair a thugtar faoi deara go bhfuil sí ag súil le leanbh. Cuirtear brú mór uirthi an leanbh a thabhairt suas le huchtú, ach diúltaíonn sí agus déanann sí iarracht a bealach a dhéanamh sa saol mar mháthair shingil. Téann an saol ina coinne arís is arís eile, agus ar deireadh tagann Mailí i gcabhair uirthi, bean a bhí sa 'teach tearmainn' ag an am céanna léi. Tá sí ag cur fúithi le Mailí, nuair a chastar Pádraig uirthi arís. Nuair a thuigeann sí nár tháinig sé ar a lorg, gur phós sé an athuair ó cailleadh a bhean agus nuair a mhaslaíonn sé í, cailleann sí dóchas, maraíonn sí an leanbh agus cuireann sí lámh ina bás féin. Leanann an scéal saol tragóideach Mháire, ach díríonn croscheistiú na bhfinnéithe aird an lucht féachana ar fhreagracht an phobail sa chás agus ar na daoine agus na hinstitiúidí go léir a loic uirthi.

I radharc deireanach an dráma, agus na carachtair ar fad bailithe sa reilig, labhraíonn an tAturnae go díreach leis an lucht féachana agus iarrann orthu a mbreithiúnas a thabhairt: '... sibhse, a bhfuil na cúrsaí ar fad ar eolas agaibh, cé is dóigh libh is ceart a chiontú?' Níor athraigh téacs an dráma ó díríodh an cheist sin ar lucht féachana den chéad uair in 1964, ach tá athruithe móra tagtha ar an lucht féachana féin agus ar an saol trí chéile. Tharla go raibh sraith alt ag an iriseoir Michael Viney faoin ábhar céanna thart ar an am a léiríodh *An Triail* ar dtús agus ghin sé sin go leor plé (Ní Bhrádaigh 1996: 63; O'Leary 2017: 56). Tá tuiscint níos fearr againn anois ar na hárais Mhaigdiléana, na dílleachtlanna agus ar institiúidí eile dá leithéid, agus tá scéalta uafáis agus bróin faoi Bessborough, Tuaim agus áiteanna eile go mór i mbéal an phobail le blianta beaga anuas. Chabhraigh taighdeoirí neamhspleácha (Corless 2012), iriseoirí agus tuairiscí rialtais éagsúla le cuid den fhírinne a nochtadh faoin gcaoi ar caitheadh le mná torracha agus le leanaí a saolaíodh taobh amuigh den phósadh.

Ní bhainfeadh an t-ábhar an stangadh céanna as daoine sa lá atá inniu ann, ach mar sin féin tá teachtaireachtaí agus léargais luachmhara ann mar shaothar. Ábhar suntais ar leith, na radharcanna san Áras máithreacha is leanaí atá le feiceáil sa dráma seo. Tá greann ag baint leis an radharc sa seomra níocháin, ach tá bunfhírinní faoi chruachás na mban i bhfriotal an amhráin: 'Táimidne tuirseach tréith / Is muid ag obair gan aon phá / Táimidne tuirseach tréith / Is muid ag sclábhaíocht gach lá.' Faightear léargas freisin ar an mbrú a cuireadh ar chailíní óga a leanaí a thabhairt suas agus an tús áite a tugadh do mhianta na lánúine a bhí ag iarraidh leanbh a uchtú. Is beag deis a bhí ag máthair neamhphósta an uair sin a leanbh a choimeád agus léiríonn na staitisticí ó na 1960idí gur rud an-neamhghnách a bhí ann (FRCIMBH

2021: 32.27). Ní chloistear fianaise oifigiúil ó Mháire féin sa chás cúirte faoin méid a d'fhulaing sí, agus mar a shonraigh Síobhra Aiken (2021), is ábhar díospóireachta go fóill an neamhréir idir an cuntas oifigiúil agus insintí na mban féin. Dhírigh Coimisiún Fiosrúcháin na nÁras Máithreacha is Leanaí (FRCIMBH 2021) ar cheisteanna dlí a bhain leis an uchtú, mar shampla, ach ní léir gur tugadh an éisteacht chuí i gcónaí don fhianaise phearsanta. 'Legal arguments and consent forms can tell us a great deal about the way Irish society managed the problem of unmarried motherhood, but they can't help us understand what these women and their children endured, and they can't tell us about continuing harm' (Wills 2021).

Mhol léirmheastóir in *The Irish Times* céadléiriú an dráma go mór as dúshlán a thabhairt don tsochaí agus don chóras uchtaithe:

> The ultimate stigma; the Irish mother reared in our version of the competition with the Joneses, backgrounded as it is by a religious outlook smug with righteousness; the betrayal by the invincible and ungetatable man; the system of secret domicile (pungent with the threat of blackmail information to the parents) – all this is challenged as well as the adoption system, in which all the drab history is quietly smothered (Mac G. 1964).

Thug an saothar seo ardán do ghuthanna a bhí imeallaithe agus plúchta ag córas neamhthrócaireach agus thug léirmheastóir amháin 'a screamingly articulate cry for real female emancipation' air (Nowlan 1970). Bhí Ní Ghráda ar thús cadhnaíochta ag cur institiúidí mar seo faoi spotsolas na hamharclainne ach tá drámadóirí eile i ndiaidh dul i ngleic leis an ábhar ó shin, mar shampla, *Eclipsed* (céadléiriú 1992) le Patricia Burke Brogan; *Laundry* (céadléiriú 2011) dráma suíomhoiriúnaithe le Anú Productions a léiríodh i seanneachtlann Mhaigdiléana i mBaile Átha Cliath; agus *Emotional Labour* (céadléiriú 2012) le Áine Phillips (Leeney 2018).

Gné shuntasach eile den dráma, an léiriú a dhéantar ar chaidreamh Phádraig agus Mháire. Is léir go bhfuil Pádraig, an múinteoir scoile measúil, ag teacht i dtír ar shoineantacht Mháire agus meabhraíonn sé di arís is arís eile nach féidir insint d'aon duine faoin gcaidreamh: 'Ná hinis gach aon ní do do mháthair'; 'Caithfidh sé a bheith ina rún eadrainn – ná habair focal le haon duine ...'; 'Ná luaigh m'ainm le haon duine.' Cuireann sé ina luí uirthi chomh maith go bhfuil siad pósta. An féidir a rá ansin gur dá saorthoil féin a bhí sí i mbun caidrimh leis? Ní dócha go n-aontódh mórán daoine sa lá atá inniu ann le breithiúnas an léirmheastóra a dúirt gurbh í féin 'a thoiligh an peaca a dhéanamh' (cé gur admhaigh sé go raibh baint éigin ag 'fear' leis an scéal!):

> Aon ní a rinne an cailín, rinne sí dá toil is dá deoin féin é. D'fhéadfadh gur fágadh gan cosaint in aghaidh an chathuithe í; b'fhéidir gur thug an saol paltóg sa phus di nuair ba é a bhí uaithi ná póg na trócaire agus barróg an mhaithiúnais; ach bíodh sin uile fíor, í féin a thoiligh an peaca a dhéanamh agus í féin a chaithfeadh a bheith freagrach as, í féin agus an fear (Mac Suibhne 1964: 10).

Tábhacht bhuan an dráma

Tá seasamh ar leith ag an dráma seo i stair dhrámaíocht na tíre i ngeall ar an bhfoirm thurgnamhach a bhain leis agus i ngeall ar an ábhar féin. Mar a dúirt an scoláire drámaíochta Patrick Lonergan: 'Both thematically and formally, the play was doing things that simply had not been done before'

(2019: 54). Ach baineann tábhacht thairis sin leis an saothar. Tá níos mó plé ar shaothar bandrámadóirí le blianta beaga anuas agus ar an tábhacht a bhaineann le guthanna na mban a bheith san áireamh sna taibhealaíona. Spreag feachtais ar nós *There are no women playwrights* (1993) agus *Waking the Feminists* (2015) iniúchadh ar an gceist seo agus rinne foilseacháin mar *The Field Day Anthology of Irish Writing IV & V* (2002), *Women in Irish drama: a century of authorship and representation* (Sihra 2009) agus *The Golden Thread: Irish Women Playwrights 1716-2016* (2021) athbhreithniú agus athléamh ar shaothar na mban. Mar chuid d'fheachtas *Waking the Feminists* scríobhadh tuairisc dar teideal *Gender Counts: An analysis of gender in Irish theatre 2006-2015*, agus rinneadh comhaireamh ar líon na ndrámaí le mná a léiríodh ag féilte nó in amharclanna na tíre sa tréimhse sin (Donohue *et al* 2017). Is fiú go mór an tslat tomhais chéanna a chur i bhfeidhm agus saothar Mháiréad Ní Ghráda á mheas againn. Sa daichead bliain ó 1931-1971, ó cuireadh an chéad dráma léi ar stáitse go ndeachaigh sí i gcré na cille, ba le bandrámadóirí tuairim is 11% de na drámaí nua Gaeilge a léiríodh go proifisiúnta nó go leathphroifisiúnta. An rud is suntasaí ar fad faoin bhfigiúr sin, ná gur scríobh Máiréad Ní Ghráda féin tuairim is leath de na drámaí sin.[1] Cruthúnas eile ar cheannródaíocht Mháiréad Ní Ghráda is ea é sin agus mar a dúirt Liam Ó Muirthile agus tábhacht bhuan *An Triail* á mheas aige: 'Mná an eochair dó, agus is prótadhráma é do mhórán scríbhneoireachta ban nár tháinig chun cinn go ceann deich mbliana eile ina dhiaidh' (Ó Muirthile 1994).

---

1 Tá an meastachán seo bunaithe ar eolas in Playography na Gaeilge, bunachar sonraí de dhrámaí nua Gaeilge ó 1901. Fágadh aistriúcháin agus athchóirithe as an áireamh. Ar fáil ag: http://gaeilge.irishplayography.com/

Is maith an teist é ar an dráma go bhfuil sé fós á léamh, agus níos tábhachtaí fós, á léiriú, sa lá atá inniu ann. Is saothar ríthábhachtach é, a bhronnann léargais úra orainn go fóill.

An Dr Éadaoin Ní Mhuircheartaigh
Fiontar agus Scoil na Gaeilge
Ollscoil Chathair Bhaile Átha Cliath

Saothair a ceadaíodh

Aiken, S. (2021) 'Tá crógacht agus ceannródaíocht Mháiréad Ní Ghráda le moladh níos mó ná riamh'. In: *Tuairisc*, 13 Meitheamh 2021. Ar fáil ag: https://tuairisc.ie/ta-crogacht-agus-ceannrodaiocht-mhairead-ni-ghrada-le-moladh-nios-mo-na-riamh/ [faighte 23 Meán Fómhair 2021].

Breathnach, D. & Ní Mhurchú, M. (2021) *Máiréad Ní Ghráda (1896-1971)*. Ar fáil ag: https://www.ainm.ie/Bio.aspx?ID=76 [faighte 16 Meán Fómhair 2021].

Chambers, L. Fitzgibbon G. agus Jordan, E. (2001) *Theatre Talk: Voices of Irish Theatre Practitioners*. Dublin: Carysfort Press.

Corless, C. (2012) 'The Home'. In: *Journal of the Old Tuam Society* 9: 75-82.

Donohue, B., O'Dowd, C. Dean, T., Murphy, C., Cawley, K., agus Harris, K. (2017) *Gender Counts: An analysis of gender in Irish theatre 2006-2015*. Ar fáil ag: https://www.artscouncil.ie/uploadedFiles/Main_Site/Content/About_Us/Gender_Counts_WakingTheFeminists_2017.pdf [faighte 22 Meán Fómhair 2021]

Fitzpatrick Dean, J. (2021) 'Hilton Edwards, Brecht and the Brechtian'. In: *Rise* 4 (1), *Staging Europe at the Gate theatre*: 82-98. Ar fáil ag: https://doi.org/10.32803/rise.v4i1.2622 [faighte 18 Meán Fómhair 2021].

FRCIMBH (2021) *Final Report of the Commission of Investigation into Mother and Baby Homes*. Ar fáil ag: https://www.gov.ie/en/publication/d4b3d-final-report-of-the-commission-of-investigation-into-mother-and-baby-homes/ [faighte 19 Meán Fómhair 2021).

Hobson, H. (1964) 'A Gaelic Warning Overcome'. In: *The Sunday Times*, 27 Meán Fómhair 1964: 12.

Leeney, C. (2018) 'Women's traditions in Theatre 1920-2015'. In: Ingman, H., agus Ó Gallchóir, C. (eag.) *A History of Modern Irish Women's Literature*. Cambridge: Cambridge University Press.

Lonergan, P. (2019) *Irish Drama and Theatre since 1950*. London: Methuen Drama.

Mac Anna, T. (1978) 'Réamhrá'. In: Ní Ghráda, M. *An Triail / Breithiúnas*. Baile Átha Cliath: Oifig an tSoláthair: 9-12.

Mac Anna, T. (2000) *Fallaing Aonghusa: Saol Amharclainne*. Baile Átha Cliath: An Clóchomhar Tta.

Mac G, L. (1964) '*An Triail* is Viney stressed on stage'. In: *The Irish Times*, 23 Meán Fómhair 1964: 9.

Mac Suibhne, É. (1964) 'Mac Anna Ard-Draoi na Drámaíochta'. In: *Feasta*, Samhain 1964: 10-11.

McMullan, A. agus Williams, C. (2002) 'Contemporary Women Playwrights'. In: Bourke, A., Kilfeather, S., Luddy, M., Mac Curtain, M., Meaney, G., Ní Dhonnchadha, M., O'Dowd, M., Wills, C., (eag.) *The Field Day Anthology of Irish Writing: Volume V*. Cork: Cork University Press: 1234-1289.

Morgan, E. (2002) '"Unbroken Service": Máiréad Ní Ghráda's Career at 2RN, Ireland's First Broadcasting Station'. In: Éire-Ireland 37 (3&4): 53-78.

Ní Bhrádaigh, S. (1996) *Máiréad Ní Ghráda: Ceannródaí Drámaíochta*. Indreabhán: Cló Iar-Chonnachta.

Ní Chaoimh, A. (Gan dáta) '*An Triail* at the Damer'. Máiréad Ní Ghráda i mbun agallaimh raidió le hAedín Ní Chaoimh ar RÉ. Ar fáil ag: https://www.rte.ie/archives/2014/0922/645418-ground-breaking-play-an-triail-50-years-old/ [faighte 10 Meán Fómhair 2021].

Ní Ghráda, M. (1935) *An Udhacht*. Baile Átha Cliath: Oifig an tSoláthair.

Ní Ghráda, M. (1937) *An Grádh agus an Gárda*. Baile Átha Cliath: Oifig Díolta Foillseacháin Rialtais.

Ní Ghráda, M. (1954) *Giolla an tSolais*. Baile Átha Cliath: Oifig an tSoláthair.

Ní Ghráda, M. (1960) *Úll Glas Oíche Shamhna*. Baile Átha Cliath: Oifig an tSoláthair.

Ní Ghráda, M. (1962) *Súgán Sneachta*. Baile Átha Cliath: Oifig an tSoláthair.

Ní Ghráda, M. (1963) *Mac Uí Rudaí*. Baile Átha Cliath: Oifig an tSoláthair.

Ní Ghráda, M. (1966) *Stailc Ocrais*. Baile Átha Cliath: Oifig an tSoláthair.

Ní Ghráda, M. (1978) *An Triail / Breithiúnas*. Baile Átha Cliath: Oifig an tSoláthair.

Ní Eachthigheirn, E. (1965) 'Letters to the Editor: An Triail'.

The Irish Times, 29 Aibreán 1965: 9.

Nowlan, D. (1970) 'Power of "The Trial" as social document'. In: *The Irish Times*, 12 Lúnasa 1970: 10.

Ó Ciosáin, É, (1995) 'Réamhrá'. *An Triail*. Baile Átha Cliath: An Gúm: 7-14.

Ó Ciosáin, É. (1978) 'Máiréad Ní Ghráda agus a Saothar Liteartha'. In: Ní Ghráda, M. *An Triail / Breithiúnas*. Baile Átha Cliath: Oifig an tSoláthair: 171-196.

O'Leary, P. (2017) *An Underground Theatre: Major Playwrights in the Irish Language 1930-80*. Baile Átha Cliath: Preas Choláiste Ollscoile Bhaile Átha Cliath.

Ó Muirthile, L. (1994) 'Dráma ceilte'. In: *The Irish Times*, 29 Meán Fómhair 1994: 12.

Ó Siadhail, P. (1993) *Stair Dhrámaíocht na Gaeilge 1900-1970*. Indreabhán: Cló Iar-Chonnachta.

Sihra, M. (eag.) (2009) *Women in Irish drama: a century of authorship and representation*. Basingstoke: Palgrave Macmillan.

Wills, C. (2021) 'Architectures of Containment'. In: *London Review of Books* 43 (10). Ar fáil ag: https://www.lrb.co.uk/the-paper/v43/n10/clair-wills/architectures-of-containment [faighte 23 Meán Fómhair 2021].

Foinsí úsáideacha ar líne:

Irish Theatre Institute (2021) *Máiréad Ní Ghráda Project*.
Ar fáil ag: https://www.irishtheatreinstitute.ie/resources/people-of-irish-theatre/mairead-ni-ghrada-3/ [faighte 23 Meán Fómhair 2021].

Rosenstock, T. (2021) *An Cúinne Dána: Saol agus Saothar Mháiréad Ní Ghráda*. RTÉ Raidió na Gaeltachta, 12 Meitheamh 2021.
Ar fáil ag: https://www.rte.ie/radio/rnag/an-cuinne-dana/programmes/2021/0612/1227717-an-cinne-dna-d-sathairn-12-meitheamh-2021/ [faighte 23 Meán Fómhair 2021].

AN TRIAIL

PEARSANA

ATURNAE 1, aturnae an Stáit.

ATURNAE 2, aturnae an chosantóra.

CLÉIREACH NA CÚIRTE.

MÁIRE NÍ CHATHASAIGH, cailín óg.

LIAM Ó CATHASAIGH, a dearthair.

SEÁN Ó CATHASAIGH, deartháir eile.

BEAN UÍ CHATHASAIGH, a máthair.

PÁDRAIG MAC CÁRTHAIGH, máistir scoile.

COLM Ó SÉ, máistir eile.

BEAN UÍ CHINSEALAIGH, bean tí.

ÁINE NÍ BHREASAIL, oibrí sóisialta.

MAILÍ, PAILÍ, DAILÍ agus NÁBLA, cailíní sa Teach Tearmainn.

SEÁINÍN AN MHÓTAIR.

AN SAGART.

BAINISTEOIR NA MONARCHAN.

BEAN AN LÓISTÍN.

MNÁ, GARSÚIN NUACHTÁN, FIR DHÓITEÁIN.

NÓTA

Léiríodh an dráma seo den chéad uair in Amharclann an Damer i mBaile Átha Cliath, ar an 22 Meán Fómhair, 1964. Bhí an fhoireann mar a leanas:

ATURNAE 1, Conchúr Ó Donncha.

ATURNAE 2, Dónall Ó Cuill.

CLÉIREACH NA CÚIRTE, Aodán Breathnach.

MÁIRE NÍ CHATHASAIGH, Caitlín Maude, Fionnuala Ní Fhlannagáin.

LIAM Ó CATHASAIGH, Seán Ó Ríordáin.

SEÁN Ó CATHASAIGH, Siomóin Ruithléis.

BEAN UÍ CHATHASAIGH, Áine de Brún.

PÁDRAIG MAC CÁRTHAIGH, Cathal Mac Fhionnlaoich.

COLM Ó SÉ, Mícheál Ó Fiannachta.

BEAN UÍ CHINSEALAIGH, Mairéad Ní Fhloinn.

ÁINE NÍ BHREASAIL, Nóra Ní Loideáin.

MAILÍ, Máirín Duraic.

PAILÍ, Nuala Ní Dhomhnaill.

DAILÍ, Máire Ní Ghráinne.

NÁBLA, Nóirín Ní Dhuibhir.

SEÁINÍN AN MHÓTAIR, Tadhg Ó Muirí.

BAINISTEOIR NA MONARCHAN, Diarmuid Ó hAirt.

BEAN AN LÓISTÍN, Áine Ní Mhuirí.

GARSÚIN NUACHTÁN, Pádraig Mac Lochlainn, Éamonn Ó hUanacháin.

Tomás Mac Anna *a léirigh*.

GNÍOMH 1

RADHARC 1

Ceol: 'Siúil, a ghrá . . .'

Sula n-ardaítear an brat ritheann Garsúin Nuachtán *isteach.*

Garsúin. Páipéar an tráthnóna. Tragóid uafásach. Páipéar an tráthnóna . . . Páipéar . . . Tragóid sa chathair . . .

Glór Mháire. Mharaigh mé mo leanbh de bhrí gur cailín í. Fásann gach cailín suas ina bean. Ach tá m'iníon saor. Tá sí saor. Ní bheidh sí ina hóinsín bhog ghéilliúil ag aon fhear. Tá sí saor. Tá sí saor. Tá sí saor.

Garsúin. (*Iad ag rith isteach*) Páipéar an tráthnóna. Tragóid uafásach. Páipéar . . . Páipéar.

Tagann Aturnae an Stáit. *Bagraíonn sé ar na garsúin agus imíonn siad. Labhraíonn seisean os comhair an bhrait amach.*

Aturnae 1. A uaisle, iarraim é seo oraibh — aon ní atá cloiste agaibh, nó aon ní atá léite agaibh i dtaobh na cúise seo, é a chur as bhur n-aigne. Éistigí leis an bhfianaise a thabharfar os bhur gcomhair, agus tugaigí bhur mbreith de réir na fianaise sin agus de réir na fianaise sin amháin. An príosúnach a bheidh os bhur gcomhair, tá coir uafásach á cur ina leith. Tá dúnmharú á cur ina leith — gníomh gránna danartha, gníomh a iarann díoltas ó Dhia, agus ó dhaoine. Cailín óg í, agus b'fhéidir go mbeadh trua ag cuid agaibh di dá réir. Ach má chruthaítear gur dhein sí an gníomh gránna danartha sin, níl cead agaibh i láthair Dé ná i láthair na ndaoine, níl cead agaibh ligean don trua cur isteach ar an daorbhreith a thabharfaidh sibh uirthi.

Glórtha na cúirte: ardaítear an brat. Feictear an chúirt, Aturnaetha, Cléireach, Finnéithe *i láthair.*

cléireach. Máire Ní Chathasaigh. Glaoitear ar Mháire Ní Chathasaigh.

glórtha. Máire Ní Chathasaigh. Máire Ní Chathasaigh.

Tagann Máire. *Seasann ar ardán na fianaise ar thaobh na láimhe clé.*

cléireach. A phríosúnaigh os comhair na cúirte, cad a deir tú: ciontach nó neamhchiontach?

glórtha. Ciontach nó neamhchiontach.

Tagann Máire *go dtí tosach an ardáin agus labhraíonn leis an lucht éisteachta.*

máire. Is dóigh leo seo go bhfaighidh siad eolas ar na cúrsaí go léir. Ach tá nithe ann a bheidh ceilte orthu go brách. Na nithe atá folaithe i mo chroíse … ainm áirithe … ainm nár luadh riamh . . . an oíche ba thús dó . . . Oíche sin an rince sa teach scoile. An ceol (*cloistear ceol rince*). An t-amhrán a chan mé.

RADHARC 2

An rince sa teach scoile

Buachaillí óga, cailíní óga, MÁIRE suite ina haonar.

COLM. (*Is é atá ina 'mháistir rince'*) Bíodh amhrán againn. An gcanfaidh tú amhrán dúinn, a Mháire?

> *Éiríonn sise. Seolann seisean go dtí lár an ardáin í. Fógraíonn sé os ard.*

> Anois, beidh amhrán againn ó Mháire Ní Chathasaigh. Cén t-amhrán a chanfaidh tú, a Mháire?

MÁIRE. 'Siúil a Ghrá'.

COLM. Go maith. Canfaidh Máire Ní Chathasaigh 'Siúil a Ghrá'.

> *Amhrán:* 'Siúil a ghrá'. *Tagann* PÁDRAIG *fad a bhíonn an t-amhrán á chanadh, é ag gáire le buachaill eile. Stadann sé den gháire. Seasann sé i leataobh agus é ag éisteacht. Bualadh bos i ndiaidh an amhráin.*

COLM. Mo cheol thú, a Mháire. Bhí sin go hálainn ar fad. Anois, a bhuachaillí agus a chailíní, cad a bheidh againn!

DAOINE ÓGA. Rince! 'Fallaí Luimnigh', 'Caidhp an Chúil Aird', 'Ionsaí na hInse', *etc.*

COLM. 'Ionsaí na hInse', más ea.

> (*Imíonn na daoine óga. Ní fhanann ar an ardán ach* MÁIRE, COLM, PÁDRAIG, LIAM Ó CATHASAIGH *agus* BEITÍ, *agus* AN MHÁISTREÁS SCOILE).

COLM. Níl tú ag rince, a Mháire. Gheobhaidh mé páirtí duit. A Phádraig, tar anseo. (*Tagann* PÁDRAIG) Seo Máire Ní Chathasaigh. Agus, a Mháire, seo Pádraig Mac Cárthaigh, an máistir scoile atá tar éis teacht chun na háite.

MÁIRE. (*Go támáilte*) Tá a fhios agam. Chonaic mé ag an Aifreann é ar maidin.

PÁDRAIG. Chonaic tú ag an tseanarmóin mé. Mar sin a bhíonn an scéal ag an máistir scoile — nach ea, a Choilm? É ina theagascóir gan onóir i gcaitheamh na seachtaine, ina shéiplíneach gan ord ar maidin Dé Domhnaigh . . .

COLM. Agus ina mháistir rince gan tuarastal san oíche! Gabh mo leithscéal anois. Caithfidh mé súil a choinneáil ar an rince. Tabhair aire mhaith di, a Phádraig! Tá sí ag dul sna mná rialta.

PÁDRAIG. Déanfaidh mé sin. (*Imíonn* COLM) Chan tú an t-amhrán sin go hálainn.

MÁIRE. Go raibh maith agat.

PÁDRAIG. An bhfuil tú ag baint aoibhneas as an oíche?

MÁIRE. Ó táim . . . tá sé go hálainn ar fad . . . (*go tobann*) Is annamh a thagaim ar rince. Ach toisc é seo a bheith sa teach scoile agus an sagart ina bhun, lig mo mháthair dom teacht . . .

PÁDRAIG. I d'aonar?

MÁIRE. Ó ní hea — le mo dheartháir Liam. Féach ansin é le Beití de Búrca.

PÁDRAIG. Ólfaidh tú deoch. Tá sú oráiste againn agus sú líomóide agus — sú oráiste.

MÁIRE. Sú oráiste, le do thoil.

Soláthraíonn sé deoch di.

PÁDRAIG. (*Leis* AN MÁISTREÁS SCOILE) An bhfuil tú ag baint aoibhneas as an oíche?

MÁISTREÁS SCOILE. Is dócha go bhfuilim.

Imíonn AN MHÁISTREÁS SCOILE. *Tagann seisean leis an dá ghloine. Ólann sé féin agus* MÁIRE *an sú oráiste.*

PÁDRAIG. A Mháire Ní Chathasaigh, an rincfidh tú liom — nó an gá dom cead a fháil ó do mháthair? Nó ó do dheartháir Liam?

MÁIRE. Ní gá, ach caithfidh tú a bheith foighneach liom. Nílim go rómhaith chuige. Níl mórán taithí agam air.

PÁDRAIG. Cailín deas óg agus gan taithí aici ar rince!

MÁIRE. Ní ligeann mo mháthair dom dul ar na rincí.

PÁDRAIG. Eagla atá uirthi roimh na mic tíre.

MÁIRE. Ní hea . . . Is amhlaidh . . . is amhlaidh is dóigh léi go rachaidh mé sna mná rialta.

PÁDRAIG. Agus cad is dóigh leat féin?

MÁIRE. Níl a fhios agam.

PÁDRAIG. Á, bhuel! Glacaimis misneach. Níl a fhios ag aon duine beo cad atá roimhe. Tá siad ag fanacht linn.

Imíonn PÁDRAIG *agus* MÁIRE.

BEITÍ. (*Le* LIAM) Tá an rince ag tosú. Seo leat.

Imíonn BEITÍ. *Tá* LIAM *ar tí í a leanúint nuair a ghlaoitear ina ainm air. Tagann an bheirt* ATURNAETHA *agus an* CLÉIREACH.

CLÉIREACH. Liam Ó Cathasaigh! Liam Ó Cathasaigh!

Sceitear solas san aghaidh ar LIAM.

ATURNAE. Tusa Liam Ó Cathasaigh?

LIAM. Is mé.

ATURNAE. Tusa deartháir an phríosúnaigh?

LIAM. Is mé.

ATURNAE. Tusa an deartháir is sine aici?

LIAM. Is mé . . . Ach ní ormsa is cóir aon phioc den mhilleán a chur. Bhí comhluadar de mo chuid féin agam an oíche sin. Ní fhéadfainn a bheith ag a sála sin i gcónaí. Ní mise a coimeádaí.

ATURNAE 2. Bhí sin mar leithscéal ag deartháir eile, tráth . . . Bhí comhluadar de do chuid féin agat agus níl a fhios agat cén chaoi a ndeachaigh do dheirfiúr abhaile.

LIAM. Níl.

ATURNAE 1. Bhí sí aosta a dóthain chun aire a thabhairt di féin, dar leat?

LIAM. Bhí sí tar éis an scoil a fhágáil agus . . .

ATURNAE 1. Bhí sí aosta a dóthain chun an bóthar gearr a chur di ón teach scoile go dtí an baile, gan aon duine ag tabhairt aire di. Nach mar sin a bhí?

LIAM. Sea.

ATURNAE 1. Agus ní raibh sé ródhéanach san oíche. Cad a chlog a bhí sé nuair a bhí deireadh leis an rince? An raibh uair an mheán oíche ann?

LIAM. Rince sa teach scoile an ea? Bíonn deireadh le gach rince acu ar an haon déag, ar bhuille na huaire.

ATURNAE 2. Thug tú do dheirfiúr chun an rince . . .

LIAM. Chuir mo mháthair d'fhiacha orm é sin a dhéanamh . . .

ATURNAE 2. D'fhág tú ansin í gan pháirtí agus gan a fhios agat cén saghas comhluadair a bheadh aici.

LIAM. Ná bí ag iarraidh an milleán a chur ormsa. Níl a fhios agam cad a tharla an oíche sin, agus ní theastaíonn uaim a fhios a bheith agam . . .

BEITÍ. (*Í ag glaoch ó thaobh an stáitse*) A Liam. Nach bhfuil tú ag teacht, a Liam?

Imíonn LIAM. *Tagann buachaillí agus cailíní ar an stáitse agus imíonn siad. Cloistear* 'Oíche mhaith agat', 'Slán leat' *etc., etc.*

RADHARC 3

Máire agus Pádraig ag siúl abhaile

PÁDRAIG. Suímis anseo ar an droichead. (*Déanann siad amhlaidh.*) Féach solas na gealaí ag déanamh airgead leáite d'uisce na habhann ... Oíche Bhealtaine ... An bhfaigheann tú an chumhracht san aer? An sceach gheal agus an táthfhéithleann san fhál agus an t-airgead luachra sa mhóinéar. Féach mar atá na duilleoga ar bharr na gcrann go soilseach snasta. Tá gach aon duilleog acu ag glioscarnach mar a bheadh seoid d'airgead geal faoi sholas na gealaí.

MÁIRE. Is aoibhinn liom do chuid cainte!

PÁDRAIG. Ní mise a cheap an chaint sin, a chroí, ach fear níos fearr ná mé, file — file a bhí ann fadó. Agus dá mbeadh sé ann an uair sin ní bheadh sé ann anois. Ach dá mbeadh sé ann anois, dhéanfadh sé dán molta don chailín beag a bhfuil a scáil le feiceáil thíos san abhainn. Féach! Dhéanfadh sé dán do d'éadan geal leathan, do d'aghaidhín bheag mhómhar mar a bheadh aghaidh mná rialta ann. Agus dhéanfadh sé dán don mheangadh beag faiteach atá ar do bhéilín, agus don fhiántas atá folaithe i do dhá shúil ... Oíche Bhealtaine, a Mháire. Oíche álainn Bhealtaine. Oíche mar seo, a Mháire, cuireann sí maoithneas orm — maoithneas agus beagán cumha ... Nach ait mar a imríonn an saol cluiche ar dhuine ... Dá bhféadfaimis breith ar an saol idir ár dhá láimh agus é a mhúnlú chun ár sástachta ... Tá tusa ag cuimhneamh ar dhul sna mná rialta?

MÁIRE. Sin é a deir mo mháthair.

PÁDRAIG. Bhí mise ag dul le sagartóireacht tráth. Bhí mé in ord rialta. Ach cuireadh as an gcoláiste mé . . . Is amhlaidh a tháinig an tAb orm agus toitín á chaitheamh agam ar chúl an fháil sa ghairdín. Chuir sé chun siúil mé.

MÁIRE. Agus gan aon ní déanta agat ach toitín a chaitheamh?

PÁDRAIG. Bhí an ceart aige. Fear ciallmhar a bhí ann. Thuig sé go maith nárbh í an tsagartóireacht an ghairm a bhí ceaptha ag Dia dom. Rinne sé an rud ceart . . . Bhí oiliúint mhúinteora faighte agam san ord. Fuair mé post gan dua . . . Phós mé go luath ina dhiaidh sin.

MÁIRE. Tá tú pósta!

PÁDRAIG. Ó, sea, sin é an rud a dhéanann mo leithéidse i gcónaí. Ní túisce taobh amuigh den choláiste iad ná iad ag sodar chun na haltóra le cailín óg . . . Phós mé Nóra ráithe tar éis dom an coláiste a fhágáil. Bhí mise trí bliana is fiche; bhí sise os a chionn sin go maith. Cailín álainn a bhí inti. Bhí rud éigin neamhshaolta ag baint léi, dar liom, cosúil leatsa . . . a Mháire.

MÁIRE. Cá bhfuil sí anocht? Cén fáth nach bhfuil sí ag an rince?

PÁDRAIG. Níor fhéad sí teacht. Ní féidir léi rince . . . Is beag dá fhios a bhí agam . . . Is amhlaidh a bhí síol an ghalair á ghiniúint an uair sin féin inti . . . an galar a chloígh go luath í . . . Galar gan leigheas é, a Mháire . . . Níor fhéad sí riamh a bheith ina bean chéile cheart dom.

MÁIRE. A Phádraig!

PÁDRAIG. Ach tá tusa ró-óg chun na cúrsaí sin a thuiscint
 . . . Ró-óg agus ró-neamhurchóideach . . . Agus an dá
 shúil mhóra sin agat ag stánadh orm . . . Tá réalta ar
 lasadh i ngach súil acu . . . Ní chun tú a iamh i gclochar
 a cuireadh ar an saol thú, a Mháire . . . Ach cá fearr a
 bheith ag caint air? Is maith uait éisteacht le scéal mo
 bheatha á ríomh agam oíche ghealaí i ndiaidh rince . . .

MÁIRE. Caithfidh mé dul abhaile. Beidh imní ar mo mháthair.
 Fanfaidh sí ina dúiseacht go dtí go bhfillfidh mé . . .
 Oíche mhaith duit, a Phádraig, agus go raibh maith
 agat.

PÁDRAIG. Oíche mhaith agat. Ná hinis gach aon ní do do
 mháthair.

RADHARC 4

Fianaise na máthar

Tagann An Mháthair. *Téann sí ar a glúine agus tosaíonn ag guí. Sceitear an solas uirthi. Éiríonn sí.*

ATURNAE 2. Tusa Bean Uí Chathasaigh?

MÁTHAIR. Is mé . . . Ach ní ormsa is cóir aon phioc den mhilleán a chur. Thóg mise go creidiúnach agus go críostúil í. Ba é toil Dé m'fhear céile a thógáil uaim. Saolaíodh an duine deireanach de mo chlann ráithe tar éis do m'fhear céile a fháil bháis. Fágadh mise i mo sclábhaí agus gan duine ann a thógfadh lámh chun cabhrú liom. Mo cheann agus mo dhroim crom ó mhaidin go hoíche ag obair agus ag luain dóibh. Agus cad atá agam dá bharr i ndeireadh na dála? Mé náirithe os comhair na gcomharsan. Iad ag síneadh a méara fúm má théim ar aonach nó ar mhargadh nó fiú chun an Aifrinn Dé Domhnaigh.

ATURNAE 2. Tuairim na gcomharsan is mó atá ag déanamh buartha duit.

MÁTHAIR. Ní mór dom mo shaol a chaitheamh ina measc.

ATURNAE 2. Fiafraím díot ar thaispeáin tú grá máthar nó carthanacht chríostaí do d'iníon nuair a bhí sí i dtrioblóid?

MÁTHAIR. Í féin a tharraing an trioblóid uirthi féin.

ATURNAE 2. An fíor gur dhein tú iarracht ar dheireadh a chur leis an ngin a bhí fós gan bhreith?

máthair. Ní haon pheaca deireadh a chur le rud neamhghlan — rud a bhí mallaithe ag Dia agus ag duine . . . (*Í ag gol*). Chuir mé ar an gcailín sin an oiliúint is cóir a chur ar chailín críostaí. Bhí sí le dul sna mná rialta. Ach ina ionad sin is amhlaidh a bhíodh sí ag éalú amach san oíche i dteannta duine nár inis sí a ainm ná a shloinne riamh dúinn.

Í ag gol agus í ag imeacht.

RADHARC 5

Pádraig agus Máire sa teach scoile

Feictear Pádraig Mac Cárthaigh, *é ag siúl síos suas go mífhoighneach. Féachann sé ar a uaireadóir.*

pádraig. (*Go mífhoighneach*) Tá sé a deich a chlog.

Tagann Máire. *Saothar uirthi ó bheith ag rith.*

máire. Táim tagtha, faoi mar a gheall mé duit.

pádraig. Tá tú déanach.

máire. Bhí orm fanacht go dtí go ndeachaigh Mam a chodladh.

pádraig. An bhfaca aon duine ag teacht thú?

máire. Tháinig mé an cúlbhealach mar a dúirt tú liom.

pádraig. Mairg a bheadh ina mháistir scoile. Ba mhaith liom a fhógairt don saol gur mise do leannán agus gur tusa mo ghrá. Ach mo léir . . . Dá mbeadh a fhios ag an sagart tú a bheith ag teacht anseo chugam san oíche, ba ghairid an mhoill air bata agus bóthar a thabhairt dom, agus gur róchuma leis cad ba chor dom féin ná don té atá ina cleithiúnaí agam.

máire. Conas atá sí?

pádraig. Tá sí mar a bhíonn i gcónaí.

máire. (*Go támáilte*) Is minic mé á chuimhneamh go bhfuil éagóir á dhéanamh againn uirthi.

pádraig. Ná bí á cheapadh sin, a Mháire. Níl aon ní againn á thógáil uaithi ach an rud nach bhfuil ag teastáil uaithi . . . Mura mbeadh tusa ní fhéadfainn é a sheasamh. Bheadh orm imeacht uaithi — ar fad. Tusa a thugann neart dom le cur suas léi féin agus lena cuid cnáimhseála.

MÁIRE. An bhean bhocht!

PÁDRAIG. Agus an fear bocht!

MÁIRE. Agus an fear bocht!

PÁDRAIG. Is olc mar a d'imir an saol an cluiche orm . . . Mura mbeadh tusa, rachainn as mo mheabhair. Tugann tú neart dom agus foighne agus dóchas i nDia agus i nduine.

MÁIRE. Pádraig bocht!

PÁDRAIG. Deir an dochtúir go mairfeadh sí go ceann na mblianta eile.

MÁIRE. Blianta fada eile!

PÁDRAIG. Aigh, blianta de phurgadóireacht dom féin agus dise . . . Mura mbeadh tusa, a Mháire! . . . Mura mbeadh tusa! Gabhaim buíochas le Dia gach maidin tusa a bheith agam. Abair arís é, a Mháire. Abair go bhfuil grá agat dom.

MÁIRE. Tá grá agam duit, a Phádraig, agus beidh go deo.

PÁDRAIG. Dá mbeadh a fhios ag an saol é, déarfaí gur rud gránna, gur rud peacúil é seo eadrainn. Ná creid é sin, a Mháire. Ná creid go deo é. Rud álainn, rud beannaithe é. Ach caithfidh sé a bheith ina rún eadrainn — ná habair focal le haon duine . . .

MÁIRE. Focal ní shleamhnóidh thar mo bhéal.

PÁDRAIG. Ná luaigh m'ainm le haon duine.

MÁIRE. Dá mbainfí mo chroí as mo lár istigh agus é a bhrú ina mhionphíosaí, ní déarfainn focal.

PÁDRAIG. Ná scríobh chugam ach oiread. Ní bheadh a fhios agat cé a gheobhadh an litir.

MÁIRE. Ní scríobhfaidh mé.

PÁDRAIG. Cad nach dtabharfainn ar neart a bheith agam é a fhógairt don saol . . . Dá mbeinn saor, a Mháire, dá mbeinn saor chun tú a phósadh!

MÁIRE. Uis! Caithfimid gan cuimhneamh air sin. Is gránna agus is suarach an cuimhneamh againn é. Is peaca é.

PÁDRAIG. Ná tráchtar liom ar pheaca . . . Féach, a Mháire, bainfidh mé an fáinne seo de mo mhéar agus cuirfidh mé ar do mhéarsa é. Leis an bhfáinne seo déanaim thú a phósadh . . . Anois, táimid pósta. Is tusa mo bhean feasta. Is tú mo bhean chéile . . .

RADHARC 6

An Fhaoistin — lánmhúchadh soilse

Feictear MÁIRE *ar a glúine.*

MÁIRE. Beannaigh mé, a athair, mar do pheacaíos . . . trí mo choir féin, trí mo choir féin, trí mo mhórchoir féin . . . Táim ciontach, a athair . . .

SAGART. Caithfidh tú scaradh leis an té is ábhar peaca duit. Caithfidh tú scaradh leis glan amach, gan labhairt leis go deo arís.

MÁIRE. Ní féidir . . .

SAGART. Cuimhnigh ar an bhfocal a dúirt ár Slánaitheoir: 'má pheacaíonn do lámh dheas, bain díot anuas í. Is fearr a bheith gan lámh ná peaca a dhéanamh.'

MÁIRE. Ní féidir, a athair, ní féidir . . .

SAGART. Mura ngeallann tú dom go sollúnta i láthair Dé go scarfaidh tú leis, ní féidir aspalóid a thabhairt duit . . .

MÁIRE *cromtha go talamh, gan focal aisti.*

Lánmhúchadh soilse.

RADHARC 7

An Chor óin Mhuire

Feictear an líon tí ar a nglúine. Tá An Mháthair *ann agus* Máire, Liam, *agus* Seán.

MÁTHAIR. A Mhaighdean rógheanmnaí

OMNES. Guigh orainn.

MÁTHAIR. A Mhaighdean gan truailliú

OMNES. Guigh orainn.

MÁTHAIR. A Mhaighdean a gineadh gan pheaca

Éiríonn Máire *agus ritheann sí amach. Í ag gol. Stadtar den liodán.*

MÁTHAIR. Cad atá uirthi sin? A Mháire! A Mháire! Ní féidir an liodán a chríochnú anois . . . Críochnaíodh gach aon duine a phaidreacha féin.

Téann An Mháthair *amach. Í ag glaoch ar* Mháire.

A Mháire! A Mháire!

Éiríonn na buachaillí dá nglúine láithreach. Aimsíonn Seán *a chuid leabhar agus tosaíonn ar staidéar a dhéanamh orthu. Éalaíonn* Liam *i dtreo an dorais. Tagann* An Mháthair *sula mbíonn sé d'uain aige éalú amach.*

MÁTHAIR. Cá rachaidh tusa?

LIAM. Amach.

MÁTHAIR. Amach. Cén áit amach?

LIAM. Go teach na mBúrcach.

MÁTHAIR. Go teach na mBúrcach . . . Nach ann a bhí tú aréir?

LIAM. Cén díobháil é sin?

MÁTHAIR. Cén díobháil é sin? An gá duit dul ann gach aon oíche sa tseachtain? . . . Táim tar éis ceist a chur ort. An gá duit dul ann gach aon oíche sa tseachtain?

LIAM. Ní gá, is dócha.

MÁTHAIR. Ní gá, is dócha . . . Cad is cúis leis an aguisín? Is gá nó ní gá?

LIAM. (*Go dorrga*) Ní gá.

MÁTHAIR. Ní gá; agus murar gá, cén fáth a bhfuil tú ag dul ann?

LIAM. Beidh comhluadar ann.

MÁTHAIR. Beidh comhluadar ann. Comhluadar Sheáinín de Búrca, agus a chlann iníon. An é sin an comhluadar atá uait? Comhluadar Bheití de Búrca . . .

LIAM. Níl aon tóir agam ar Bheití de Búrca.

MÁTHAIR. Níl aon tóir agat ar Bheití de Búrca. Is maith liom an méid sin a chlos. Drochchríoch a bhíonn ar na cúrsaí sin, a mhic, agus ar an dream a chleachtann iad. Ba é toil Dé mé a fhágáil i mo bhaintreach agus cúram clainne orm. Caithfidh mé a bheith mar athair agus mar mháthair ort in éineacht. Agus ní bheidh sé le cur i mo leith ag Dia ná ag duine go ndearna mé faillí i mo dhualgas daoibh. Is mó sin íobairt atá déanta agam ar bhur son, chun tabhairt suas agus múineadh a chur oraibh mar is ceart. Ach is gearr anois go mbeidh toradh gach íobairte le fáil agam — Seán ina shagart,

Máire sna mná rialta, agus tusa, a mhic, i mbun na feirme. Tú mar thaca agus mar shólás dom nuair a thiocfaidh an aois orm. Anois caithfidh mé an cailín sin a fháil agus cúpla focal a rá léi.

Imíonn sí.

SEÁN. An rachaidh tú amach?

LIAM. Nuair a bheidh sí imithe a chodladh.

SEÁN. Amach an fhuinneog a rachaidh tú?

LIAM. Cad eile?

SEÁN. Osclóidh mise an doras duit nuair a thiocfaidh tú ar ais.

LIAM. Beidh tú i do chnap codlata agus tú ag srannadh nuair a thiocfaidh mise ar ais.

SEÁN. An bhfuil tóir agat ar Bheití de Búrca, dáiríre?

LIAM. Cén mhaith dom tóir a bheith agam ar Bheití de Búrca ná ar aon chailín eile agus mé faoi smacht mo mháthar mar atáim?

SEÁN. Níl aon réasún le Mam.

LIAM. Níl uaithi ach go léifí ar fhógra a báis: 'A leithéid seo de lá, a leithéid seo de bhliain, cailleadh Máiréad, Bean Uí Chathasaigh. Ise ba mháthair do Sheán Ó Cathasaigh, sagart paróiste Bhaile i bhfad síos, agus don Mháthair Columbán le Muire, misiúnaí san Afraic.'

Tagann AN MHÁTHAIR isteach.

MÁTHAIR. Níl Máire amuigh. Ní fheadar cá bhfuil sí. Féachfaidh mé ina seomra. (*Imíonn sí*)

LIAM. Níl a fhios agam i do thaobhsa, ach ní dóigh liom, ar

chuma éigin, go rachaidh Máire sna mná rialta.

SEÁN. Tá Mam ródhian uirthi. Tá sí dian orainn go léir, ach is déine í ar Mháire ná ar an mbeirt againne. Ní ligeann sí in áit ar bith í.

LIAM. Tá Máire athraithe le déanaí. Ní ghlacann sí Comaoineach Naofa maidin Dé Domhnaigh mar a dhéanadh. Agus chuala mé cúpla uair í ag dul amach tríd an bhfuinneog san oíche, mar a dhéanaim féin.

SEÁN. Is minic a bhíonn sí breoite. Bhí sí ag cur amach ar maidin. Bhagair sí orm gan aon ní a rá le Mam.

Tá An Mháthair sa doras gan fhios dóibh agus í ag éisteacht.

MÁTHAIR. Cén ní a bhagair sí ort gan a insint dom?

SEÁN. Ní haon ní é.

MÁTHAIR. Inis an fhírinne dom, a mhic. Cén ní a bhagair sí ort gan a insint dom?

SEÁN. Ní haon ní é . . . ach go raibh sí breoite . . . go mbíonn sí breoite go minic.

MÁTHAIR. (*Go mall*) Go mbíonn sí breoite go minic.

SEÁN. Ar maidin, ar aon nós. Agus ní ghlacann sí Comaoineach Naofa mar a dhéanadh.

MÁTHAIR. A Mhaighdean! Agus níl sí sa teach.

Tagann Máire.

MÁTHAIR. Cá raibh tusa?

MÁIRE. Amuigh.

MÁTHAIR. Amuigh. Cá háit amuigh?

MÁIRE. Áit ar bith.

MÁTHAIR. Áit ar bith! Agus cé a bhí in éineacht leat?

MÁIRE. (*Go mall. Rian an ghoil uirthi*). Ní raibh aon duine in éineacht liom. Ní raibh aon duine ag an ionad coinne romham.

MÁTHAIR. Cad é seo mar gheall ar ionad coinne? Tá an teach seo ag dul ó smacht. Ach ní rachaidh sibh ó smacht mo láimhese. Tá mé ag dul go dtí mo sheomra chun mo phaidreacha a chríochnú agus chun a iarraidh ar Dhia na glóire mé a neartú chun an t-ualach trom seo a leag sé orm a iompar . . . mé mar mháthair agus mar athair oraibh in éineacht. A Sheáin, is tusa an t-aon duine amháin a bhfuil muinín agam as. Múch na soilse nuair a bheidh do chuid oibre críochnaithe agat. (*Imíonn sí*)

LIAM. (*Le* MÁIRE) Tá an oíche loite agat orm. (*Imíonn sé*)

Bailíonn SEÁN *a chuid leabhar le chéile. Múchann sé an lampa agus tá sé ar tí imeacht nuair a ghlaoitear air. Tagann an* CLÉIREACH *agus na h*ATURNAETHA.

CLÉIREACH. Seán Ó Cathasaigh.

ATURNAE 1. Is tusa Seán Ó Cathasaigh?

SEÁN. Is mé.

ATURNAE 1. Tusa an deartháir is óige ag an gcailín seo?

SEÁN. Is mé.

ATURNAE 1. Tusa a sceith uirthi?

SEÁN. Cén leigheas a bhí agam air sin? Lean Mam do mo cheistiú riamh is choíche go dtí go raibh orm an fhírinne a insint di. Ar aon nós gheobhadh Mam amach luath nó mall é.

ATURNAE 2. Ní róstuama ná róthuisceanach an tslí inar inis tú an scéal cráite sin do do mháthair.

SEÁN. Dúirt mé leat — bhí Mam do mo cheistiú riamh is choíche . . .

ATURNAE 2. Dúirt tú le do mháthair nach raibh do dheirfiúr ag dul chun faoistine a thuilleadh, agus nach raibh sí ag glacadh Comaoineach Naofa.

SEÁN. Dúirt.

ATURNAE 2. Agus dúirt tú le do mháthair go mbíodh do dheirfiúr breoite go minic!

SEÁN. Dúirt.

ATURNAE 1. Ar thuig tú féin cad a bhí cearr léi?

SEÁN. Níor thuig mé i dtosach . . . go dtí gur thug Mam fúithi . . . agus . . . agus ansin thuig mé . . .

ATURNAE 2. Bhí tusa ag dul le sagartóireacht?

SEÁN. Bhí — an uair sin.

ATURNAE 2. An ndearna tú aon iarracht ar ghrá Dé nó ar charthanacht chríostaí a thaispeáint do do dheirfiúr?

SEÁN. Cad a d'fhéadfainn a dhéanamh? Bhí mé idir dhá thine acu.

ATURNAE 2. Sceith tú ar do dheirfiúr; agus an ndearna tú aon iarracht ansin ar í a chosaint ar do mháthair?

SEÁN. Cad a d'fhéadfainn a dhéanamh? (*É ag spriúchadh*) Bhí an ceart ar fad aici. Tharraing sí siúd náire orainn. Tharraing sí náire shaolta orainn i láthair na gcomharsan. Loit sí an saol orainn. Chiontaigh sí . . . Chiontaigh sí in aghaidh Dé. Ba chóir a bheith dian uirthi. Bhí an ceart ag Mam. Bhí an ceart ar fad aici.

I gcaitheamh na cainte seo tá MÁIRE *suite i lár an stáitse gan cor aisti. Imíonn na* hATURNAETHA. *Tagann* AN MHÁTHAIR. *Babhla ina lámh aici.*

MÁTHAIR. Seo! Ól é seo!

MÁIRE. Cén rud é?

MÁTHAIR. Deoch leighis. Deoch láidir. Socróidh sé sin thú, a chailín, agus mura socróidh, gheobhaidh tú steancán eile de amárach agus gach aon lá eile go dtí go ndéanfaidh sé beart duit.

Caitheann MÁIRE *an babhla uaithi gan an deoch a ól.*

MÁTHAIR. Nach caoch a bhí mé! A fhios ag gach aon duine sa pharóiste ach agam féin amháin . . . Cé hé féin? . . . Pé hé féin, caithfidh sé thú a phósadh . . . Cé hé féin? . . . Inis dom cé hé an fear . . . (*Greim aici uirthi agus í á croitheadh*) Fiafraím díot cé hé féin . . . Tá tú ceanndána chomh maith le bheith mígheanmnaí . . . Cé hé féin? Nach dtuigeann tú go gcaithfidh sé thú a phósadh . . . Mura bpósann sé thú beimid náirithe os comhair an pharóiste. Ní fhéadfaidh Seán a bheith ina shagart. Ní ligfear isteach i Maigh Nuad é. Inseoidh an sagart paróiste an scéal don easpag agus ní cheadófar do Sheán dul le sagartóireacht . . . Cé hé féin? Caithfidh sé thú a phósadh . . . Féadfaidh sibh imeacht go Sasana, in áit nach mbeidh aithne ag aon duine oraibh . . . Ní bheidh a fhios ag aon duine cathain a shaolófar an . . .

Múchann an tocht an chaint uirthi. Tagann SEÁN *agus* LIAM. *Beireann siad uirthi chun í a sheoladh amach. Casann sí ag an doras.*

Mallacht ar an té a tharraing an náire seo anuas orainn. Agus mallacht Dé anuas ortsa, a . . . striapach.

Imíonn siad.

MÁIRE. (*Í ina haonar*) A Phádraig, ní raibh tú romham anocht mar a gheall tú . . . Ní mórán a bheidh agam choíche díot, a Phádraig, ach an méid atá, ní scarfaidh mé leis go deo. Bhí an teach scoile dubh dorcha, ach bhí an ghealach ag soilsiú ar uisce na habhann faoi mar a bhí an oíche sin . . . Oíche Bhealtaine. Rinne tú do chuid féin díom an oíche sin, a Phádraig. Is leatsa ó shin mé, idir anam is chorp . . . ní luafaidh mé d'ainm ná ní scríobhfaidh mé chugat . . . An ród atá romham caithfidh mé aghaidh a thabhairt air i m'aonar.

Imíonn sí. Cloistear an t-amhrán 'Siúil, a Ghrá', *ón taobh amuigh.*

RADHARC 8

An tsráid — daoine ag siúl síos suas

*Sceitear an solas ar an m*Bean Uasal.

CLÉIREACH. Bean Uí Chinsealaigh. Bean Uí Chinsealaigh.

ATURNAE 1. Tusa Bean Uí Chinsealaigh?

BEAN UASAL. Is mé. Ach cad chuige é seo?

ATURNAE 1. Chuir tú fógra ar an nuachtán á chur in iúl go raibh cailín aimsire ag teastáil uait.

BEAN UASAL. Ní cailín aimsire a dúirt mé ach 'cúntóir tís'. Ní mian le haon duine acu 'cailín aimsire' a thabhairt uirthi feasta.

ATURNAE 1. Tháinig cailín ag cur isteach ar an bpost?

BEAN UASAL. Tháinig.

ATURNAE 1. D'fhan sí sa teach agat go ceann ráithe.

BEAN UASAL. D'fhan.

ATURNAE 1. Ansin thug tú rud éigin faoi deara.

BEAN UASAL. Thug.

ATURNAE 1. Thug tú faoi deara go raibh sí ag iompar clainne.

BEAN UASAL. (*Go leamhnáireach*) Deir tú chomh tútach sin é . . .

ATURNAE 1. Thug tú faoi deara go raibh sí — trom?

BEAN UASAL. Thug.

ATURNAE 1. Agus fuair tú dídean di i dTeach Tearmainn.

BEAN UASAL. Fuair.

ATURNAE 1. Go raibh maith agat.

ATURNAE 2. Cé mhéad duine clainne atá ort?

BEAN UASAL. Cúigear.

ATURNAE 2. Ar luaigh tú ar an bhfógra go raibh cúigear clainne ort?

BEAN UASAL. An dóigh leat gur óinseach mé? Dá luafainn, ní thiocfadh cailín ar bith chugam.

ATURNAE 2. Cé mhéad cailín a tháinig chugat ag freagairt an fhógra sin ar an nuachtán agat?

BEAN UASAL. Aon chailín amháin.

ATURNAE 2. Níor tháinig chugat ach an t-aon chailín amháin — an cailín sin atá anois á triail os comhair na cúirte?

BEAN UASAL. Níor tháinig.

ATURNAE 2. An raibh teastas nó litreacha molta aici?

BEAN UASAL. Ní raibh.

ATURNAE 2. Ní raibh teastas ná litreacha molta aici. Mar sin féin rinne tú í a fhostú láithreach.

BEAN UASAL. Ní furasta cailíní a fháil na laethanta seo. Tá siad go léir ag dul go Sasana. Is déirc leis an mbean tí cailín de shórt ar bith a fháil.

ATURNAE 2. Tá cóip agam anseo den fhógra a bhí agat ar an nuachtán. (*Ag léamh an fhógra*) 'Cúntóir tís ag teastáil. Teach nua-aimseartha. Cead scoir go minic. Ceithre phunt sa tseachtain.' Fógra meallach go maith . . . Cén tuarastal a thug tú di?

BEAN UASAL. Dúirt mé léi go dtabharfainn ardú di dá mbeadh sí sásúil.

ATURNAE 2. Agus an raibh sí sásúil?

BEAN UASAL. Ní raibh aon locht uirthi.

ATURNAE 2. An raibh sí glan, macánta, dícheallach?

BEAN UASAL. Bhí.

ATURNAE 2. An raibh sí ciúin dea-iompair?

BEAN UASAL. Bhí.

ATURNAE 2. An raibh na páistí ceanúil uirthi?

BEAN UASAL. B'fhéidir go raibh.

ATURNAE 2. Ar chuir siad riamh in iúl go raibh cion acu uirthi?

BEAN UASAL. B'fhéidir gur chuir.

ATURNAE 2. Ní raibh aon locht agat uirthi féin ná ar a cuid oibre?

BEAN UASAL. Ní raibh.

ATURNAE 2. Agus cén tuarastal a bhí agat á thabhairt di?

BEAN UASAL. Dúirt mé léi go dtabharfainn ardú di i gceann tamaill dá mbeadh sí sásúil.

ATURNAE 2. Freagair an cheist. Cén tuarastal a bhí agat á thabhairt di?

BEAN UASAL. Dhá phunt is deich scilling sa tseachtain.

ATURNAE 2. Dhá phunt is deich scilling sa tseachtain, cé gur thairg tú ceithre phunt san fhógra a bhí agat ar an nuachtán.

BEAN UASAL. Thabharfainn an méid sin do chailín a bheadh traenáilte oilte, do chailín a mbeadh teastais ar fónamh aici. Ach ní raibh litir ná teastas ag an gcailín sin. Cárbh fhios dom ná gur coirpeach í?

ATURNAE 2. Ní raibh a fhios agat ná gur coirpeach í. Mar sin féin rinne tú í a fhostú.

BEAN UASAL. Is deacair cabhair a fháil le haghaidh na cistine, go mór mór má bhíonn leanaí óga sa teach. Ní féidir le duine a bheith mionchúiseach na laethanta seo.

ATURNAE 2. Bhí sí ag obair duit go dúthrachtach dícheallach ar feadh ráithe, agus ansin thug tú an bóthar di.

BEAN UASAL. Cén leigheas a bhí agam air? Tá clann iníon agam. Ní fhéadfainn iad a fhágáil i mbaol caidrimh lena leithéid. Cad a déarfadh na comharsana? Cad a déarfadh na cailíní eile ar scoil? Cad a déarfadh na mná rialta?

ATURNAE 2. Dúirt tú liom ó chianaibh nach raibh a fhios agat, agus tú á fostú, ná gur coirpeach í. Ba chuma leat. Ba chuma leat caidreamh a bheith ag do chlann iníon le coirpeach. Ach chomh luath agus a fuair tú amach í a bheith ag iompar clainne thug tú an bóthar di.

BEAN UASAL. Tá mo chuid cainte á casadh agat.

ATURNAE 2. Níl aon cheist eile agam le cur ar an bhfinné.

ATURNAE 1. An fíor gur thug tú an bóthar di chomh luath agus a fuair tú amach í a bheith ag iompar clainne?

BEAN UASAL. Thug mé fógra seachtaine di. Ach labhair mé le duine de mo chairde mar gheall uirthi.

ATURNAE 1. Agus fuair do chara áit di sa Teach Tearmainn?

BEAN UASAL. Fuair.

ATURNAE 1. Go raibh maith agat.

RADHARC 9

Tae i Ráth Garbh

Cloistear clog an dorais á bhualadh.

BEAN UASAL. Oscail an doras, a Mháire.

Déanann MÁIRE *amhlaidh.*

OIBRÍ SÓISIALTA. (*Ag an doras*) An bhfuil Bean Uí Chinsealaigh istigh?

MÁIRE. (*Leis an m*BEAN UASAL) Tá bean uasal ag an doras, a . . . bhean uasal.

BEAN UASAL. Seol isteach í.

Tagann AN tOIBRÍ SÓISIALTA.

BEAN UASAL. Is áthas liom tú a fheiceáil, a Áine. Táim buartha, an-bhuartha.

OIBRÍ SÓISIALTA. Cén bhuairt atá ort? Ní hamhlaidh atá aon duine de na páistí breoite?

BEAN UASAL. Tá na páistí go seamhrach, buíochas le Dia. Ach bí i do shuí. Ólfaidh tú tae.

(*Dáileann sí tae uirthi. Ólann an bheirt an tae. Iad ag ardú agus ag ísliú na gcupán ar aon uaim le chéile.*)

Táim buartha faoi Mháire, faoin gcailín aimsire atá agam.

OIBRÍ SÓISIALTA. An cailín deas sin a d'oscail an doras dom?

BEAN UASAL. Ar thug tú aon ní faoi deara?

OIBRÍ SÓISIALTA. Níor thug.

BEAN UASAL. Bhuel, tá rud éigin le tabhairt faoi deara . . . Caithfidh mé an bóthar a thabhairt di. Ní féidir í a choinneáil sa teach . . . M'fhear céile agus na páistí. Níl a fhios ag m'fhear céile fós é. Tá ardmheas aige uirthi. Agus tá na páistí an-cheanúil uirthi. Ach ní dhéanfadh sé an gnó í a choinneáil sa teach a thuilleadh. Agus ní mian liom í a chaitheamh amach ar thaobh an bhóthair . . .

OIBRÍ SÓISIALTA. An bhfuil cairde aici?

BEAN UASAL. Ní dóigh liom go bhfuil. Ní fhaigheann sí litreacha. Ní ghlaonn aon duine uirthi ar an bhfón. Ní théann sí amach puinn, ach amháin ag siúl leis na páistí.

OIBRÍ SÓISIALTA. (*Iarracht de thrua aici don chailín*) Ní foláir nó tá saol uaigneach go maith aici.

BEAN UASAL. Is tubaisteach an scéal é . . . Tá sí an-mhaith leis na páistí. Beidh brón orthu nuair a imeoidh sí.

OIBRÍ SÓISIALTA. Caithfidh tú í a chur chun siúil?

BEAN UASAL. Níl aon dul as agam. Ba mhaith liom í a imeacht sula dtarraingeoidh sí náire orainn. Nach bhféadfása tearmann a fháil di in áit éigin?

OIBRÍ SÓISIALTA. Beidh agallamh agam léi, ar aon nós, féachaint cad is féidir a dhéanamh.

BEAN UASAL. Glaofaidh mé uirthi. A Mháire! (*Tagann* MÁIRE) Is í seo Iníon Uí Bhreasail. Oibrí sóisialta í. Ba mhian léi comhrá a bheith aici leat . . . (*Leis* AN OIBRÍ SÓISIALTA.) Beidh mé sa seomra bia nuair a bheidh deireadh ráite agaibh.

Imíonn AN BHEAN UASAL.

OIBRÍ SÓISIALTA. Suigh, a Mháire. Níl d'ainm agam ort ach Máire. Cad is sloinne duit?

MÁIRE. Ó . . . a . . . Ní Bhriain. Máire Ní Bhriain is ainm agus is sloinne dom.

OIBRÍ SÓISIALTA. Cad as duit, a Mháire?

MÁIRE. (*Ach ní go drochmhúinte é*) Cad é sin duitse?

OIBRÍ SÓISIALTA. Níl uaim ach eolas do na cuntais . . . Ach is cuma. An bhfuil do mháthair ina beatha?

MÁIRE. Cén fáth a bhfuil tú do mo cheistiú mar seo?

OIBRÍ SÓISIALTA. Mar gur mian liom cabhrú leat. Ní fada uait an uair go mbeidh gá agat le cabhair. Nach mar sin atá an scéal? . . . Oibrí sóisialta mé. Is é an gnó a bhíonn agam ná plé le cailíní bochta de do leithéidse.

MÁIRE. An amhlaidh a chuir bean an tí fios ort?

OIBRÍ SÓISIALTA. Tuigeann tú féin, a Mháire, nach bhféadfaidh sí thú a choinneáil a thuilleadh sa teach seo.

MÁIRE. Imeoidh mé láithreach. (*Éiríonn sí chun imeacht*)

OIBRÍ SÓISIALTA. Cá rachaidh tú? . . . An bhfuil cairde agat sa chathair seo? (*Croitheann* MÁIRE *a ceann*) . . . Féach, a Mháire, nach rachfá abhaile chun do mhuintire.

MÁIRE. B'fhearr liom mé féin a bhá san abhainn.

OIBRÍ SÓISIALTA. An bhfuil a fhios ag do mhuintir conas atá an scéal agat? . . . Tuigim. Is amhlaidh a d'éalaigh tú ón mbaile . . . An bhfuil a fhios ag do mhuintir cá bhfuil tú? . . . B'fhéidir go bhfuil siad buartha mar gheall ort agus gan a fhios acu cá bhfuil tú.

MÁIRE. Is róchuma le cuid acu.

OIBRÍ SÓISIALTA. Ná habair é sin. Déarfainn go bhfuil do mháthair buartha mar gheall ort.

MÁIRE. Is beag aithne atá agat ar mo mháthair.

OIBRÍ SÓISIALTA. Ní rachaidh tú abhaile. (*Croitheann* MÁIRE *a ceann*) Mar sin caithfidh mé áit a fháil duit go dtí (*casacht bheag*) go dtí go mbeidh do thrioblóidí curtha díot agat. An rachfá isteach i dTeach Tearmainn?

MÁIRE. Cén saghas áite é sin?

OIBRÍ SÓISIALTA. Teach é ina dtugtar tearmann do chailíní mar tú féin. Tugtar lóistín agus bia dóibh agus aire dochtúra agus banaltracht nuair a thagann an t-am chuige. Labhróidh mé leis an Mátrún láithreach agus féadfaidh tú dul isteach ann go luath. Beidh na cailíní eile mar chomhluadar agat agus tabharfar beagán oibre duit le déanamh — rud a choinneoidh gnóthach thú ionas nach mbeidh tú ag machnamh an iomad ort féin. Agus ansin, ar ball (*casacht bheag*) gheofar post duit agus féadfaidh tú tosú as an nua ar fad. Beidh mar a bheadh saol nua á oscailt amach romhat. Ní gá duit féachaint siar go deo ach dearmad a dhéanamh de na cúrsaí truamhéalacha seo.

Imíonn MÁIRE. *Tá* INÍON UÍ BHREASAIL *ar tí imeacht nuair a ghlaoitear uirthi ina hainm.*

CLÉIREACH. Áine Ní Bhreasail. Áine Ní Bhreasail.

ATURNAE 1. A Iníon Uí Bhreasail, de bharr an agallaimh sin fuair tú áit don chailín i dTeach Tearmainn.

OIBRÍ SÓISIALTA. Fuair. Rinne mé tathaint uirthi dul abhaile chun a muintire féin, agus nuair nach rachadh sí, fuair mé áit di sa Teach Tearmainn.

ATURNAE 1. Níor thug sí aon eolas duit i dtaobh a muintire?

OIBRÍ SÓISIALTA. Focal ní inseodh sí dom mar gheall orthu. Ní inseodh sí dom, fiú amháin, cén contae arbh as di.

ATURNAE 1. Ionas nach raibh le déanamh agat ach an rud a rinne tú — áit a fháil di sa Teach Tearmainn.

OIBRÍ SÓISIALTA. Rinne mé mo dhícheall di, ach bhí sí stuacach ceanndána.

ATURNAE 1. An ndeachaigh tú chun an Árais á feiceáil ina dhiaidh sin?

OIBRÍ SÓISIALTA. Chuaigh, ach bhí sí stuacach ceanndána i gcónaí.

ATURNAE 1. An ndearna tú caint leis an Mátrún mar gheall uirthi?

OIBRÍ SÓISIALTA. Rinne go minic.

ATURNAE 1. Cén tuairisc a thug an Mátrún mar gheall uirthi?

OIBRÍ SÓISIALTA. Dúirt sí go raibh sí ciúin dea-iompair, ach í a bheith dúr neamhchainteach inti féin.

ATURNAE 2. Ar cheap tú ag aon am go raibh an rud ceart á dhéanamh agat nuair a chuir tú an cailín sin isteach sa Teach Tearmainn?

OIBRÍ SÓISIALTA. Bhí mé lándeimhneach de. Ní fhéadfainn í a chur in áit níos fearr.

ATURNAE 2. Agus níor tháinig tú ar mhalairt aigne ó shin?

OIBRÍ SÓISIALTA. Cén fáth a dtiocfainn?

ATURNAE 2. Is dóigh leat fós nach bhféadfadh sí a bheith in áit níos fearr?

OIBRÍ SÓISIALTA. Táim lándeimhneach de.

ATURNAE 2. Níl aon cheist eile agam le cur ar an bhfinné.

RADHARC 10

An seomra níocháin sa teach tearmainn

Tá scata Cailíní *i láthair — cuid acu ag iarnáil, cuid acu ag filleadh na n-éadaí iarnáilte agus á gcur i gciseáin mhóra.* Máire *ina suí i leataobh uathu. Í ag fuáil.*

Dailí. (*Í ag cuimilt láimhe dá héadan*) Tá sé te.

Pailí. Tá sé chomh te le hifreann.

Mailí. An áit a bhfuil ár dtriall, de réir na seanmóirí a bhí againn an tseachtain seo caite.

Dailí. An teas! Cad nach dtabharfainn ar bhuidéal de rud éigin fónta.

Pailí. (*Ball de chneaséadach á ardú aici*) Féach drárs an mhinistéara.

Nábla. Tá poll ann.

Mailí. Ba chóir sin a dheisiú sula gcuirfí amach é.

Pailí. Deisíodh a bhean dó é.

Dailí. Tá bean aige, rud nach bhfuil ag an sagart paróiste, an fear bocht!

Pailí. (*Ag an bhfuinneog*) Tá fear ag teacht.

Omnes. Fear!

Preabann siad go léir chun na fuinneoige.

Dailí. Níl ann ach Seáinín an Mhótair.

Nábla. Cé a dúirt go raibh fear ag teacht?

Pailí. Tá bríste air, nach bhfuil?

MAILÍ. Is deacair a rá na laethanta seo cé air a mbíonn brístí, agus cé air nach mbíonn.

Tagann SEÁINÍN AN MHÓTAIR — *fírín feosaí meánaosta. Cruinníonn cuid de na* CAILÍNÍ *ina thimpeall, á ghriogadh. Iad ag labhairt le chéile beagnach.*

MAILÍ. Is é do bheatha chugainn, a Sheáinín, a lao liom.

PAILÍ. An bhfuil aon scéal nua agat, a Sheáinín?

DAILÍ. Ar tharla aon ní suaithinseach sa chathair?

MAILÍ. Bás?

PAILÍ. Nó bascadh?

DAILÍ. Nó timpiste?

MAILÍ. Pósadh?

PAILÍ. Nó baisteadh?

DAILÍ. Nó sochraid?

MAILÍ. Scéal ar bith a thógfadh ár gcroí.

PAILÍ. Eachtraigh dúinn, a Sheáinín.

SEÁINÍN. Níl aon scéal agam, ach go bhfuil deifir orm, agus ní scéal nua é sin, ach seanscéal.

MAILÍ. Bíodh trua agat dúinn.

PAILÍ. Bíodh croí agat.

DAILÍ. Fan farainn go fóill.

MAILÍ. Ní fheicimid gnúis fir ó cheann ceann na seachtaine.

PAILÍ. Ach do ghnúisín sheargtha féin.

MAILÍ. Is cuma nó clochar ban rialta sinn.

SEÁINÍN. Is sibh na mná rialta nár bheannaigh Dia ná duine.

OMNES. Á, ná bí dian orainn. Bíodh croí agat, *etc.*

SEÁINÍN. (*É ag féachaint ar* MHÁIRE) Cé hí seo?

OMNES. Máire Ní Bhriain. Ná bac léi.

SEÁINÍN. (*Le* MÁIRE) Cailín deas tusa, cailín deas óg. Nóinín i measc na neantóg.

MAILÍ. Mo ghraidhin thú, a Mháire Ní Bhriain. Tá Seáinín an Mhótair cloíte agat.

SEÁINÍN. Mholfainn duit, a Mháire Ní Bhriain, tú féin a sheachaint orthu seo. Ní hé do leas a dhéanfaidh siad.

NÁBLA. Ná tabhair drochainm orainn i láthair an chailín tuaithe.

SEÁINÍN. Tugaigí na beartáin sin dom agus ligigí dom a bheith ag imeacht.

MAILÍ. Dheara, tóg bog é.

PAILÍ. Lá dár saol é.

DAILÍ. Cén deabhadh atá ort?

SEÁINÍN. Má fhanaim thar chúig nóiméad anseo ní bheidh an Mátrún buíoch díom.

MAILÍ. Dheara, bíodh an diabhal aici!

PAILÍ. (*Í á ghriogadh*) Á, fan farainn go fóill, a Sheáinín, a lao.

SEÁINÍN. Bog díom. Nach minic a dúirt mé leat go bhfuil bean agus clann agam sa bhaile.

NÁBLA. Mo ghraidhin í, bean Sheáinín!

OMNES. (*Iad ag canadh*):

> Táimidne tuirseach tréith,
> Is muid ag obair gan aon phá
> Táimidne tuirseach tréith
> Is muid ag sclábhaíocht gach lá.
> Agus nuair a thagann sé féin
> Elvis Presley na nGael
> Is ea a thosaíonn an rí rá!

SEÁINÍN. Ligtear as seo mé. Ní haon áit d'fhear críostaí é seo.

MAILÍ. Ná do Bhráthair Críostaí.

PAILÍ. An bhfuil tú ag cuimhneamh ar dhul sna Bráithre, a Sheáinín?

DAILÍ. Conas a rachadh sé sna Bráithre agus bean agus clann aige sa bhaile?

PAILÍ. Mairg nach mbeadh bean agus clann ar leac an tinteáin aige.

SEÁINÍN. Tugtar na beartáin sin dom, in ainm Dé.

MAILÍ. Seo duit iad, a Sheáinín. Níor mhaith linn an Mátrún a bheith anuas ort.

(*Tugtar na beartáin do* SHEÁINÍN *agus imíonn sé*)

OMNES. Lá maith agat, a Sheáinín. Lá maith agat agus go n-éirí an t-ádh leat, *etc.*

MAILÍ. Bhuel, bhuel féach an seargáinín sin, nach bhfuil ann ach an ceathrú cuid d'fhear, agus nach mór an tógáil croí a thug tamall dá chomhluadar dúinn.

PAILÍ. (*Le* MÁIRE) Tá tusa an-chiúin.

MÁIRE. (*Go támáilte*) Níl aon ní le rá agam.

MAILÍ. Sin é an uair is mó is ceart caint a dhéanamh. Nuair a bhíonn an croí lán níl aon ghá le caint chun an tocht a chur díot.

PAILÍ. Ní hé an croí atá lán ag an gcuid is mó againn.

MAILÍ. I gceann cúpla lá eile beidh droim láimhe á thabhairt agam don áit seo.

MÁIRE. Cá rachaidh tú?

MAILÍ. Tá altramaí faighte agam agus cead mo chos agam dá réir.

MÁIRE. Cad is altramaí ann?

MAILÍ. Cad is altramaí ann? Nach glas an breac thú! Is é an t-altramaí an duine is tábhachtaí san áit seo.

PAILÍ. Altramaí is ea lánúin phósta, lánúin chreidiúnach atá pósta go dlúth agus go dleathach — lánúin nach bhfuil clann dá gcuid féin acu agus atá toilteanach páiste mná eile a thógáil, i leith is gurb é a ngin féin é. Sin é a fhad ar a ghiorracht duit, a óinsín tuaithe.

MAILÍ. Mo ghraidhin iad!

MÁIRE. Cé hiad na haltramaithe atá faighte agatsa, a Mhailí?

MAILÍ. Éist leis an óinsín tuaithe. Ceann de rialacha na haltramachta gan aon aithne a bheith ag na haltramaithe ar an máthair, ná aici orthu.

MÁIRE. Níl a fhios agat cé hiad féin?

MAILÍ. Níl agus gan freagra gairid a thabhairt ort, a chailín, is róchuma liom.

MÁIRE. (*Í ag leanúint siar ar an scéal d'fhonn é a thuiscint ina cheart*) Ní bheidh a fhios agat cé dóibh a dtabharfar do leanbh?

MAILÍ. Ní bheidh.

MÁIRE. Ná ní bheidh a fhios agat conas a iompóidh sé amach?

MAILÍ. Ní bheidh.

MÁIRE. (*An t-uafás ag méadú uirthi*) Ní bheidh a fhios agat cé acu beo nó marbh é ... B'fhéidir go gcasfaí ort sa tsráid é amach anseo, agus gan a fhios agat gurb é a bheadh ann ... Cén díobháil ach leanbh chomh gleoite leis!

MAILÍ. (*Í ag spriúchadh*) Éist do bhéal, a óinsín.

PAILÍ. Níl aon eolas ar na cúrsaí seo agat.

NÁBLA. Mura bhfuil, is gearr go mbeidh.

DAILÍ. (*Le* MAILÍ) Ar thairg an tOibrí Sóisialta (*béim shearbhasach ar an ainm aici*), ar thairg sí obair duit?

MAILÍ. Thairg, im briatharsa.

DAILÍ. Cén obair í?

MAILÍ. Post mar 'chúntóir tís' i dteach mná dá lucht aitheantais.

PAILÍ. Cad a dúirt tú léi?

MAILÍ. Dúirt mé léi go raibh mé buíoch di, ach gurb eol dom slite is boige chun airgead a thuilleamh ná a bheith ag sclábhaíocht ar feadh dhá uair an chloig déag sa ló.

PAILÍ. Obair chrua is ea an tíos.

NÁBLA. Go mór mór don té nach bhfuil taithí aici ar a bheith ina seasamh.

PAILÍ. Cén uair a bheidh tú ag fágáil, a Mhailí?

MAILÍ. Aon lá feasta. Níl le déanamh ach na cáipéisí a shíniú agus beidh sé ina mhargadh.

DAILÍ. Faoi láimh agus faoi shéala.

NÁBLA. Agus faoi bhrí na mionn.

MÁIRE. (*Í mar a bheadh sí ag brionglóideach*) Agus ní leagfaidh tú súil ar do leanbh go brách arís.

MAILÍ. (*Go bagrach*) Éist do bhéal!

Cúbann MÁIRE *roimpi.*

NÁBLA. Beidh mise ag fágáil an tseachtain seo chugainn.

DAILÍ. Cailleadh do leanbhsa.

NÁBLA. Bhí an t-ádh air, an bastairdín bocht.

MÁIRE. (*Í mar a bheadh sí ag brionglóideach*) Agus ní fheicfidh tú do leanbh go deo arís.

MAILÍ. (*Fearg uirthi*) Féach, a chailín, bíodh a fhios agat go bhfuil nithe ann nach ndéantar trácht orthu. Cúrsaí cúirtéise agus dea-bhéasa é sin, tá a fhios agat. Cuimhnigh air sin.

Sos beag. Tá MÁIRE *fiosrach fós. Is mian léi tuilleadh eolais a fháil.*

MÁIRE. (*Go támáilte, le* MAILÍ) Cá rachaidh tú nuair a fhágfaidh tú an áit seo?

MAILÍ. (*Í ag caochadh a súile ar an gcuid eile*) Beidh post agam i monarcha. Beidh árasán de mo chuid féin agam.

MÁIRE. Cén tuarastal a thugtar do chailín sna monarchana?

MAILÍ. Punt sa ló, ar a laghad.

MÁIRE. Sin sé phunt sa tseachtain.

NÁBLA. Seacht.

MÁIRE. Ach ní bheifeá ag obair ar an Domhnach.

NÁBLA. Dá bheannaithe an lá is ea is beannaithe an gníomh.

MAILÍ. (*Go cineálta le* MÁIRE) Óinsín cheart thú. Ach ar a shon sin is uile, táim ceanúil ort. Féadfaidh tú teacht do m'fheiceáil nuair a bheidh cead do chos agat ón áit seo.

MÁIRE. San árasán a bheidh agat?

MAILÍ. Cad eile?

MÁIRE. Agus feicfidh mé an obair a bheidh ar siúl agat?

NÁBLA. Feicfidh tú, cinnte, má théann tú á feiceáil.

PAILÍ. An siúlfaidh tú isteach i mo pharlús, arsa an damhán alla, tráth.

DAILÍ. Tabhair aire duit féin nach mbéarfaidh an damhán alla mór gránna ort. (*Í ag déanamh geáitsí, mar dhea*)

MAILÍ. Mise i mbannaí duit go dtabharfaidh mise togha na haire nach mbéarfar ormsa arís, ná bíodh aon phioc dá mhearbhall ort.

Buailtear an clog.

PAILÍ. An tae, buíochas le Dia.

DAILÍ. Agus mar a bheadh an nimh ar an aithne, seo chugainn Áine an Bhéil Bhinn.

OMNES. Á nó!

MÁIRE. Cé hí Áine an Bhéil Bhinn?

MAILÍ. Oibrí sóisialta a thugann sí uirthi féin.

MÁIRE. Ise a chuir isteach anseo mé.

MAILÍ. Conas a fuair sí greim ort?

MÁIRE. Bhí sí cairdiúil leis an mbean a raibh mé ar aimsir ina teach.

NÁBLA. Aire daoibh! Tá sí chugainn.

MAILÍ. Is fearr domsa í a sheachaint. Beidh sí i mo dhiaidh má chloiseann sí mé a bheith ag imeacht.

Ritheann MAILÍ *as an seomra. Leanann a thuilleadh acu í. Seasann cuid acu an fód. Tagann* AN tOIBRÍ SÓISIALTA.

OIBRÍ SÓISIALTA. Dia anseo isteach.

OMNES. Dia's Muire duit, a Iníon Uí Bhreasail!

OIBRÍ SÓISIALTA. (*Cairdiúlacht bhréige ina cuid cainte*) Ná fanaigí ag caint liomsa. Tá an tae ullamh. (*Imíonn* NA CAILÍNÍ) Fansa siar nóiméad, a Mháire. Ba mhaith liom labhairt leat. Ní choinneoidh mé thar nóiméad thú. Tá scéal maith agam duit. Tá Bean Uí Chinsealaigh toilteanach glacadh leat arís ina teach, anois, (*casacht bheag*) anois ó tá do thrioblóid curtha díot agat.

MÁIRE. Agus cad mar gheall ar m'iníon?

OIBRÍ SÓISIALTA. Sin dea-scéal eile atá agam duit. Tá altramaithe faighte agam do do leanbh.

MÁIRE. Altramaithe?

OIBRÍ SÓISIALTA. Daoine creidiúnacha macánta. Tá buanphost ag an bhfear agus tuarastal aige dá réir. Beidh siad go maith do do leanbh. Ní fhaca siad fós í, ach táim deimhneach de go mbeidh siad sásta léi. Cailín beag atá uathu, rud is annamh. Garsúin a bhíonn ó na haltramaithe de ghnáth. Cailín beag sláintiúil de leanbh, a deir an dochtúir. Scrúdaigh sé inné í.

MÁIRE. Ní raibh a fhios agam gur chuige sin an scrúdú.

OIBRÍ SÓISIALTA. Deir an dochtúir nach bhfuil easpa ná máchail uirthi.

MÁIRE. Go deimhin féin níl easpa ná máchail uirthi.

OIBRÍ SÓISIALTA. Ní bheidh le déanamh ach na cáipéisí a shíniú agus ní bheidh a bhac ar na tuismitheoirí í a thabhairt leo.

MÁIRE. Ní hiad sin a tuismitheoirí. Is mise a máthair. Níl aon tuismitheoir eile aici.

OIBRÍ SÓISIALTA. Beidh tuismitheoirí aici feasta — daoine creidiúnacha . . .

MÁIRE. Agus ní fheicfidh mé go deo arís í.

OIBRÍ SÓISIALTA. Beidh tuismitheoirí aici a thabharfaidh grá di.

MÁIRE. Ní mian liomsa aon duine do thabhairt grá do mo leanbh ach mé féin amháin . . . Ba mhian liom í a fheiceáil ag fás. Ba mhaith liom gúnaí deasa a dhéanamh di, í a ghléasadh go péacógach. Ba mhaith liom . . .

OIBRÍ SÓISIALTA. Ba mhaith leat do leanbh a bheith agat mar bhábóg. Tú ag súgradh léi agus á gléasadh. Ach caithfidh tú cuimhneamh ar leas do linbh. Má choinníonn tú féin í, cad a bheidh i ndán di, ach í a dhul ar bhealach a haimhleasa . . .

MÁIRE. Mar a chuaigh a máthair, is mian leat a rá.

OIBRÍ SÓISIALTA. Ní hé sin é, ach . . .

MÁIRE. (*Go baothdhána*) An mbeadh Bean Uí Chinsealaigh sásta an bheirt againn a bheith sa teach aici?

oibrí sóisialta. Tusa agus . . . ? Ní fhéadfainn é sin a iarraidh uirthi. Tá clann iníon dá cuid féin aici.

máire. An amhlaidh is dóigh léi do ndéanfaidh m'iníonsa truailliú ar a cuidsean?

oibrí sóisialta. Ní hé sin é. Ach . . . ach . . . bímis réadúil i dtaobh na gcúrsaí seo. Ní hamhlaidh a bheifeá ag súil go ligfeadh bean chreidiúnach leanbh tabhartha isteach ina teach i dteannta a clann iníon féin.

máire. Nach maith go bhfuil na haltramaithe sásta í a ligean isteach ina dteach.

oibrí sóisialta. Sin scéal eile.

máire. Ní léir domsa sin.

oibrí sóisialta. Is mór an chreidiúint duit oiread sin grá a bheith agat do do leanbh, ach caithfidh tú bheith ciallmhar, réasúnta.

máire. Mura bhfuil mo leanbh maith a dóthain do Bhean Uí Chinsealaigh, níl mise maith a dóthain di. Ní baol go ndéanfainn truailliú uirthi féin ná ar a clann iníon.

oibrí sóisialta. (*Í ag osnaíl le mífhoighne*) Bíodh ciall agat a chailín. Féach. Tiocfaidh an dlíodóir. Ní bheidh le déanamh agat ach d'ainm a chur leis na cáipéisí agus ní iarrfar a thuilleadh ort. Beidh cead do chos agat agus neart duit dul in aon áit is mian leat.

máire. Gan mo leanbh a fheiceáil go deo arís.

oibrí sóisialta. Tá tú gan aon réasún. Cuimhnigh ar na tuismitheoirí . . .

máire. (*Go fíochmhar*) Is mise an t-aon tuismitheoir . . .

OIBRÍ SÓISIALTA. Na haltramaithe, a mheas mé a rá. Ba mhian leo gur leo féin an leanbh.

MÁIRE. Bhuel, ní leo. Ní chuirfidh mise m'ainm le haon cháipéis a bhéarfaidh uaim mo leanbh.

OIBRÍ SÓISIALTA. Cad a dhéanfaidh tú, más ea?

MÁIRE. Gheobhaidh mé obair i monarcha. Beidh árasán de mo chuid féin agam.

OIBRÍ SÓISIALTA. Is stuacach, ceanndána an cailín thú. Níl uait ach do thoil féin a bheith agat, gan cuimhneamh ar leas do linbh . . . Féach, a Mháire, impím ort cuimhneamh ort féin agus féachaint romhat. Ní haon dóithín do chailín óg leanbh tabhartha a bheith aici. B'fhéidir go gcasfaí fear ort amach anseo a bheadh sásta thú a phósadh.

MÁIRE. Mura mian leis glacadh le mo leanbh chomh maith liom féin, ní bheidh agam le rá leis ach an t-aon fhocal amháin: 'Tabhair do bhóthar ort!'

BRAT

GNÍOMH 2

RADHARC 1

An Mhonarcha

Feictear Bainisteoir Na Monarchan. *Fear cainteach é a bhfuil fíorais agus figiúirí ar bharr a theanga aige. Ach is fear lách, dea-chroíoch é.*

aturnae 1. Tusa bainisteoir na monarchan seo?

bainisteoir. Is mé.

aturnae 1. Fuair an cailín seo — Máire Ní Chathasaigh — post uaitse.

bainisteoir. Fuair sí post uaim sa mhonarcha.

aturnae 2. Cén tuarastal a bhí agat á thabhairt di?

bainisteoir. Trí phunt sa tseachtain.

aturnae 2. Trí phunt sa tseachtain. Ní mór é chun bean agus leanbh a chothú.

bainisteoir. Is mó é ná an gnáthráta pá dá leithéidí. Dhá phunt deich an gnáthráta. Níl sin ró-olc do bhean nach mbíonn ag obair ach dhá uair an chloig sa ló, cúig lá sa tseachtain. Sin deich n-uair an chloig sa tseachtain. Sin sé scilling san uair. Dá mbeadh orainn an ráta pá sin a thabhairt do na cailíní a bhíonn ag obair ar feadh ceithre uair is daichead sa tseachtain, bheadh orainn trí phunt déag agus ceithre scilling sa tseachtain a thabhairt do gach duine acu — rud a chuirfeadh ualach rómhór ar an tionscal.

aturnae 2. Ní raibh an cailín seo ag obair ar feadh na ngnáthuaireanta?

BAINISTEOIR. Deich n-uair sa tseachtain na huaireanta a bhí aici.

ATURNAE 2. Cén saghas oibre a bhí á dhéanamh aici sa mhonarcha?

BAINISTEOIR. Bhíodh sí ag glanadh na leithreas.

ATURNAE 2. Bhíodh sí ag glanadh na leithreas — ar thrí phunt sa tseachtain.

BAINISTEOIR. Caithfidh duine éigin iad a ghlanadh. Ní bhíonn le déanamh ach na hurláir a ní gach lá agus na báisíní a shruthlú. Obair dheas bhog. Mura ndéanfaí gach lá é ba ghairid an mhoill ar Chigire na Monarchana an dlí a bhagairt orm.

ATURNAE 2. Agus rinne tú an cailín seo a fhostú chun an obair sin a dhéanamh duit.

BAINISTEOIR. Is amhlaidh a tháinig sí chugam ag lorg oibre sa mhonarcha. Ní raibh sí oilte ar aon saghas oibre dá leithéid. Dúirt sí liom gur bhaintreach í agus go raibh páiste óg aici. Bhí trua agam di — cailín chomh hóg léi a bheith ina baintreach. An bhean ghlantóireachta a bhí agam tharla í amuigh breoite ag an am, agus thug mé an post go sealadach don chailín sin — Bean Uí Laoire mar a thug sí uirthi féin. D'éirigh an bhean eile as an bpost go luath ina dhiaidh sin, agus thug mé an buanphost do — do — do — Bhean Uí Laoire.

ATURNAE 2. Agus rinne sí an obair sin duit ar feadh ráithe.

BAINISTEOIR. Rinne.

ATURNAE 2. Agus rinne sí go sásúil é?

BAINISTEOIR. Rinne. Bhí gach aon duine buíoch di. Rinne na hoibrithe bailiúchán i gceann tamaill chun bronntanas a cheannach di.

ATURNAE 2. Agus thug tú féin bronntanas airgid di.

BAINISTEOIR. Thug mé rud beag éigin di. Ba é ba lú ba ghann dom a dhéanamh. Rinne sí a cuid oibre go sásúil.

ATURNAE 2. Ní raibh aon locht agat uirthi?

BAINISTEOIR. Ní raibh.

ATURNAE 2. Mar sin féin thug tú an bóthar di i Mí na Márta.

BAINISTEOIR. Go deimhin duit níor thug mé. Is amhlaidh a stad sí de theacht.

ATURNAE 2. Stad sí de theacht?

BAINISTEOIR. Stad. Bhí orm bean eile a fháil chun an obair a dhéanamh. Obair í sin a gcaitear í a dhéanamh gach lá. Mura ndéanfaí í rachadh na hoibrithe amach ar stailc orm.

ATURNAE 2. An ndearna tú aon iarracht ar a fháil amach cén fáth ar stad sí de theacht?

BAINISTEOIR. Rinne, agus gach aon iarracht. Chuir mé an mátrún chun na háite a ndúirt sí a raibh sí ar lóistín ann. Tá mátrún againn — banaltra oilte — chun féachaint i ndiaidh na gcailíní. Má fhanann duine acu amuigh, téann an mátrún á feiceáil féachaint cén chaoi a bhfuil sí, nó an bhféadfadh sí aon ní a dhéanamh di.

ATURNAE 2. (*Go moltach*) Rud inmholta. Is léir go dtugann tú aire mhaith do na hoibrithe atá fostaithe agat.

BAINISTEOIR. Déanaimid ár ndícheall dóibh.

ATURNAE 2. Cad a tharla nuair a chuaigh an mátrún chun na háite a raibh an príosúnach ar lóistín ann?

BAINISTEOIR. Ní raibh a leithéid de theach ann.

ATURNAE 2. Cad is mian leat a rá — ní raibh a leithéid de theach ann?

I gcaitheamh na cainte seo, tá na MNÁ OIBRE *ag éisteacht go cíocrach.*

BEAN OIBRE 1. Conas a d'fhéadfadh sé a bheith ann? Nach bhfuil a fhios ag an saol gur thit an teach anuas i mí na Márta?

BEAN OIBRE 2. Nár léigh tú an cuntas a bhí ar na páipéir air?

RADHARC 2

Lasmuigh den teach lóistín

Ritheann Garsúin Nuachtán *isteach.*

GARSÚIN. Páipéar an tráthnóna! Tithe ag titim i mBaile Átha Cliath! Páipéar an tráthnóna! Páipéar an tráthnóna!

ATURNAE 2. Bhí seomra ligthe agat ar cíos leis an gcailín seo?

BEAN LÓISTÍN. Bhí. Le Bean Uí Laoire, mar a thugadh sí uirthi féin. Lig sí uirthi gur bhaintreach í, ach bhí a fhios agamsa nárbh ea.

ATURNAE 2. Cárbh fhios duit nár bhaintreach í?

BEAN LÓISTÍN. Aithníonn bean phósta bean phósta eile, ar nós na gciaróg. Dúirt sí liom gur bhaintreach í, go raibh a fear céile tar éis bháis. Ach bhí a fhios agam go maith gur chailín singil a bhí inti agus gur leanbh tabhartha an leanbh.

ATURNAE 2. Thugtá aire don leanbh fad a bhíodh an mháthair amuigh ag obair.

BEAN LÓISTÍN. Thugainn. Leanbh maith ciúin a bhí inti. Bhíodh sí ina codladh an chuid ba mhó den am.

ATURNAE 2. Thug an mháthair airgead breise duit toisc tú a bheith ag tabhairt aire don leanbh.

BEAN LÓISTÍN. Thugadh sí cúig scilling bhreise sa tseachtain dom.

ATURNAE 2. Agus cén cíos a bhí ar an seomra a bhí aici uait?

BEAN LÓISTÍN. Cúig scilling déag sa tseachtain.

ATURNAE 2. Sin punt sa tseachtain ar fad?

BEAN LÓISTÍN. Sea.

ATURNAE 2. D'fhágfadh sin dhá phunt aici chun í féin agus an leanbh a chothú.

BEAN LÓISTÍN. Cá bhfios domsa san? Má ba bhaintreach í bhí pinsean na mbaintreach aici.

ATURNAE 2. Ach ní raibh aon phinsean aici.

BEAN LÓISTÍN. Níl a fhios agamsa an raibh nó nach raibh. Caithfidh mise maireachtáil chomh maith le duine eile. Tá seisear clainne orm agus m'fhear céile as obair le bliain.

ATURNAE 2. Inis dúinn cad a tharla i mí na Márta.

BEAN LÓISTÍN. Mí na Márta! Éist leis — cad a tharla i mí na Márta! A Bhean Uí Mhaoláin, cad a tharla i mí na Márta? A Shíle, a Bhríd, cad a tharla i mí na Márta?

ATURNAE 2. Bhuel, cad a tharla i mí na Márta?

IAD GO LÉIR. Thit an teach anuas orainn i mí na Márta!

SLUA *ag féachaint ar an teach tar éis titim. Tagann* FEAR NUACHTÁIN. *Drumaí, cloig etc.*

FEAR NUACHTÁIN. Inis dom cad a tharla.

BEAN LÓISTÍN. Bhí mise sa chistin. Bhí an dinnéar á chur i gcóir agam agus gan suim agam in aon ní eile. Ach leis sin chonaic mé mar a bheadh péist ag snámhaíl feadh an bhalla. Chrom bloghanna den tsíleáil ar thitim anuas agus bhí a fhios agam gurbh amhlaidh a bhí an teach ag titim anuas orainn. Níor dhein mé ach breith ar na leanaí i mo bhaclainn agus rith amach sa tsráid leo. Is ar éigean a bhíomar amuigh nuair a thit an teach anuas in aon mheall amháin.

MNÁ. Cuir fios ar na gardaí. Cuir fios ar an mBriogáid Dóiteáin.

Tagann MÁIRE.

MÁIRE. Cad a tharla?

MNÁ. Thit an teach anuas . . .

MÁIRE. Mo leanbh . . . Pádraigín! Cá bhfuil mo leanbh?

BEAN LÓISTÍN. An leanbh! Rinne mé dearmad glan ar an leanbh.

BEAN. Tá sí sa teach go fóill.

MÁIRE. Mo leanbh! Mo leanbh!

Déanann DUINE DE NA FIR *iarracht ar í a chosc.*

FEAR. Ná téigh isteach ansin, a bhean. Tá sé contúirteach.

Ritheann MÁIRE *suas an staighre agus tagann sí ar ais leis an* LEANBH. *Suíonn sí ar thaobh na sráide. An leanbh ina baclainn aici. Fanann na* MNÁ *ina seasamh tamall uaithi. Tagann* SEÁINÍN.

SEÁINÍN. In ainm an Athar, cad a tharla anseo?

BEAN 1. Tá an teach tar éis titim anuas.

BEAN 2. Thit sé anuas ar a raibh ann.

SEÁINÍN. Ar gortaíodh aon duine?

BEAN 1. Níor gortaíodh, buíochas mór le Dia na glóire.

SEÁINÍN. Agus cá bhfuil na daoine a bhí ina gcónaí ann?

BEAN 2. Tá bheith istigh faighte acu i gceann de na tithe ar bharr na sráide.

SEÁINÍN. (*É ag féachaint ar* MHÁIRE) Agus cé hí sin?

BEAN 1. Bean a bhí ar lóistín sa teach.

SEÁINÍN. Tá leanbh óg aici. (*Is léir drochmheas ag na* MNÁ *ar an leanbh*) Cé hí féin?

BEAN 1. Bean Uí Laoire.

BEAN 2. Más fíor bréag.

BEAN 1. Bean Uí Laoire a thugann sí uirthi féin.

SEÁINÍN. Agus níor thug aon duine bheith istigh di.

BEAN 1. Níl aon aithne againn uirthi.

BEAN 2. Is strainséir anseo í.

BEAN 3. Bean í nár dhein cairdeas le haon duine againn.

BEAN 4. Bean neamhchairdiúil í.

BEAN 1. Bean neamh-mhuinteartha í.

BEAN 2. Í mór inti féin.

BEAN 3. Rómhór dá bróga.

BEAN 2. Agus gan aici ach leanbh tabhartha.

SEÁINÍN. Is náireach an scéal í a bheith suite ansiúd ar thaobh na sráide. An amhlaidh nach mian le haon duine agaibh bheith istigh a thabhairt di?

BEAN 1. Don ospidéal ba chóir di dul leis an leanbh.

BEAN 3. An t-ospidéal an áit cheart dóibh.

BEAN 1. B'fhéidir gurb amhlaidh a gheobhadh an leanbh bás agus go mbeadh na gardaí an doras isteach chugainn.

BEAN 3. An t-ospidéal an áit cheart dóibh.

SEÁINÍN. An bhfuil siad gortaithe?

BEAN 1. Cá bhfios dúinn iad a bheith gortaithe nó gan a bheith?

BEAN 3. An t-ospidéal an áit cheart dóibh.

SEÁINÍN. Cé a deir gur tír chríostaí í seo? (*Téann anonn go dtí* MÁIRE. *Aithníonn í*) Tusa thar a bhfaca mé riamh! . . . Cén fáth a bhfuil tú suite ansin ar nós dealbh chloiche. Cad a bhain duit? Ar gortaíodh thú? . . . Ar gortaíodh an leanbh?

Cromann sé agus iniúchann an leanbh.

FEAR. Shábháil an bíoma an leanbh. Thit an bíoma trasna ar an gcúinne den seomra ina raibh an pram, agus shábháil sé an leanbh.

SEÁINÍN. (*Le* MÁIRE) Cén fáth nach bhfuair tú áit duit féin?

MÁIRE. Níl a fhios agam . . . Ní fhéadaim . . .

SEÁINÍN. Agus na mná sin ag faire ort agus gan barr méire á ardú ag aon duine acu chun fóirithint ort. Tá an seanmhótar timpeall an chúinne agam. Tabharfaidh mé thú in aon áit is mian leat.

Tagann MAILÍ.

SEÁINÍN. Tusa anseo mar a bheadh drochphingin ann. Ní haon ionadh go bhfuil na tithe ag titim anuas ar na daoine.

MAILÍ. In ainm Dé, cad a tharla anseo?

SEÁINÍN. Nach n-aithníonn tú í seo?

MAILÍ. Máire Ní Bhriain.

SEÁINÍN. Nach bhfeiceann tú go bhfuil sí ansin agus gan dídean aici di féin ná don leanbh? Tá an seanmhótar agam timpeall an chúinne.

MAILÍ. Tugaimis í chun mo thíse. Ní fada uainn é. Tógfaidh mise an leanbh uaithi. (*Déanann sí iarracht ar an leanbh a thógáil*) Ní mian léi scaradh leis an leanbh.

(*Go cineálta*) Féach, a chroí, ní baol duit feasta. Is sinne do chairde. Nach cuimhin leat Seáinín an Mhótair agus Mailí? Tá an carr ag Seáinín timpeall an chúinne agus tabharfaidh sé an bheirt againn chun mo thíse. Seo leat anois.

SEÁINÍN. (*É ag cabhrú le* MÁIRE) Cad a déarfadh an Mátrún dá bhfeicfeadh sí anois mé?

Imíonn siad.

RADHARC 3

Fianaise Mhailí

Glórtha sráide. MAILÍ *ina seasamh ag an gcúinne. Toitín á chaitheamh aici. Tagann na h*ATURNAETHA. *Is leasc leo í a cheistiú.*

MAILÍ. Haló.

ATURNAE 1. Is tusa Mailí.

MAILÍ. Is mé.

ATURNAE 1. Thug tú an cailín seo go dtí do theach féin.

MAILÍ. Bhí siad siúd — mná 'creidiúnacha' na comharsanachta — ina seasamh ina ndoirse ag faire uirthi, agus gan barr méire á ardú ag aon duine acu chun cabhrú léi. 'Taispeánfaidh mise do na stiúsaithe sin nach bhfuil tú gan chairde', arsa mise, agus thug mé í féin agus an leanbh abhaile liom.

ATURNAE 1. Agus an miste a fhiafraí cén saghas tí atá agat?

MAILÍ. Pé saghas é, níl sé ag titim anuas ar mhná ná ar pháistí, ná ní teach doicheallach é, murab ionann is a lán eile.

ATURNAE 1. D'fhan sí sa teach sin go ceann tamaill.

MAILÍ. Bhí seomra folamh ann a bhí oiriúnach di féin agus don leanbh.

ATURNAE 1. An raibh airgead aici?

MAILÍ. Conas a bheadh airgead aici? Nár chaill sí a raibh sa saol aici nuair a thit an teach anuas uirthi? Ní mór a bhí aici le cailleadh; ach chaill sí éadaí an linbh agus a cuid éadaigh féin.

ATURNAE 2. Chaill sí a raibh sa saol aici. Mar sin féin ní dheachaigh sí ar ais ag obair sa mhonarcha?

MAILÍ. Bhí sí mar a bheadh bean bhuile go ceann tamaill. Ní cheadódh sí an leanbh as a radharc agus ní fhágfadh sí an teach gan an leanbh a thabhairt léi. Bhí mar a bheadh eagla uirthi go dtarlódh tubaiste éigin di dá mbogfadh sí a súile di.

ATURNAE 1. Agus an dóigh leat go raibh an teach sin agat oiriúnach do chailín dá leithéid agus do leanbh neamhurchóideach?

MAILÍ. Bhuel, don diabhal leis an mbeirt agaibh.

RADHARC 4

Teach Mhailí

Máire *ina suí — í faoi ghruaim. Tagann* Mailí, *buidéal bainne aici, mar aon le ceaintíní bia, etc.*

Mailí. Huh! Croith suas thú féin. Ní hé deireadh an domhain é. Faigh rud éigin le déanamh duit féin. Ná bí suite ansin i gcónaí ag déanamh trua duit féin.

Máire. Más ag clamhsán atá tú, imeoidh mé as seo; imeoidh mé láithreach — mé féin agus an leanbh.

Mailí. Anois, anois, ná bí á cheapadh gur mór liom an méidín suarach atá agam á thabhairt duit. Ach caithfidh tú féachaint romhat . . . Athair an linbh, ba chóir go gcabhródh sé libh.

Máire. B'fhearr liom bás den ghorta.

Mailí. Tá go maith, tá go maith. Ní luafaidh mé a thuilleadh é . . . An rachfá ar ais chun na monarchan?

Máire. Bheadh eagla orm.

Mailí. Cén eagla a bheadh ort?

Máire. Eagla go dtarlódh aon ní do Phádraigín, fad a bheinn amuigh uaithi.

Mailí. Ní féidir leat súil a choinneáil uirthi i gcónaí.

Máire. Ba mhian liom . . . go dtí go mbeidh sí níos crua . . . beagáinín beag níos crua.

Mailí. Féach, ó nach mian leat dul amach ag obair, cad a déarfá leis seo. Bheadh bean an tí toilteanach seomra a thabhairt duit saor ó chíos ach an teach a choinneáil glan di. Agus déarfainn go mbeadh na lóistéirí toilteanach cúpla scilling an duine a thabhairt duit in aghaidh na seachtaine ach an ghlantóireacht a dhéanamh dóibh. Sa tslí sin d'fhéadfá maireachtáil gan dul lasmuigh den teach.

MÁIRE. Bheadh sin go hiontach. Is aingeal thú, a Mhailí.

MAILÍ. Aingeal dubh mé, go bhfóire Dia orm! . . . Tá sé socair, mar sin. Agus cá bhfios, agus a mbíonn d'fhir bhreátha ag teacht chun na háite seo, ná go bhfaighfeá fear acu a phósfadh thú.

MÁIRE. Ná habair é sin . . .

MAILÍ. Tá go maith, tá go maith. Ní luafaidh mé a thuilleadh é. Ach an té a mhairfidh, feicfidh sé . . .

Cloistear an leanbh ag gol. Imíonn MÁIRE.

RADHARC 5

Fianaise Choilm

Gabhann Colm *trasna an stáitse.* Buachaill Eile *ina theannta. Glaoitear ar* Cholm. *Imíonn an* Buachaill Eile.

CLÉIREACH. Colm Ó Sé, Colm Ó Sé.

ATURNAE 1. An tusa Colm Ó Sé?

COLM. Is mé.

ATURNAE 1. Máistir scoile.

COLM. Sea.

ATURNAE 1. An cuimhin leat oíche an rince gur chuir tú duine éigin in aithne do Mháire Ní Chathasaigh?

COLM. Ná cuirtear an milleán ormsa. Ní dhearna mise ach iad a chur in aithne dá chéile, oíche úd an rince. Cailín deas neamhurchóideach a bhí inti. Ní fhaca mé go ceann i bhfad ina dhiaidh sin í. De thaisme a casadh ar a chéile sinn sa chathair. D'aithin mé láithreach í . . . Cé nach bhfaca mé ach an t-aon uair amháin roimhe sin í.

Gabhann Máire *trasna an stáitse. Imíonn an* Cléireach *agus na* hAturnaetha.

COLM. Hé, tá aithne agam ortsa. Tusa Máire Ní Chathasaigh . . . a Mháire . . . Nach cuimhin leat sinn a bheith ag rince le chéile sa teach scoile Oíche Bhealtaine anuraidh?

MÁIRE. Tusa Colm Ó Sé.

Croitheann siad lámh le chéile.

COLM. Is minic mé ag cuimhneamh ar an oíche sin . . . agus an t-amhrán a chan tú, 'Siúil, siúil, siúil, a ghrá.' Ach tar isteach sa chaifé seo agus ólfaimid cupán caife nó rud éigin.

RADHARC 6

An Caifé

Leagann beirt Chailíní Freastail *an bord. Suíonn* Máire *agus* Colm.

COLM. Cad a bheidh agat?

MÁIRE. Cupán caife. Sin a bhfuil uaim.

COLM. (*Leis an g*Cailín Freastail) Dhá chupán caife.

Tugtar an caife chucu.

COLM. An fada duit sa chathair?

MÁIRE. Táim anseo le bliain, geall leis.

COLM. Bhí mé ag cur do thuairisce nuair a bhí mé sa tseanáit um Nollaig ach ní raibh d'eolas ag na comharsana ort ach tú a bheith imithe . . . Cheap mé gurbh amhlaidh a bhí tú sna mná rialta . . . Chonaic mé do dheartháir — an deartháir atá ag dul le sagartóireacht . . .

MÁIRE. Seán.

COLM. Tagann an t-éadach dubh go breá dó. Is clos dom go bhfuil an deartháir eile ag cuimhneamh ar phósadh!

MÁIRE. An bhfuil? . . . Níor chuala mé . . . Níor inis sé dom é . . . ina litir . . . Cé hí an cailín?

COLM. Duine de na Búrcaigh . . . Ach ní hé sin é ach é seo. Táim anseo le tamall anuas agus gan aithne agam ar aon duine ach amháin ar na garsúin ar scoil. An dtiocfá ag rince liom anocht?

MÁIRE. Beidh . . . beidh mé gnóthach anocht.

COLM. Istoíche amárach, más ea?

MÁIRE. Beidh mé gnóthach istoíche amárach freisin.

COLM. Is leor nod don eolach . . . An amhlaidh atá tú ag cuimhneamh fós ar dhul sna mná rialta?

MÁIRE. Ní raibh ansin ach brionglóid — brionglóid nár fíoraíodh.

COLM. Tá buachaill agat sa chathair seo, ní foláir.

MÁIRE. Níl.

COLM. Is deacair a chreidiúint nach mbeadh buachaill ag cailín chomh mealltach leat. Bhí mé an-tógtha leat an oíche úd ar chuir mé Pádraig Mac Cárthaigh in aithne duit.

MÁIRE. Conas . . . conas atá Pádraig?

COLM. Ó, tá Pádraig lán de cheol mar a bhíonn i gcónaí.

MÁIRE. An bhfuil aon fheabhas ar a bhean?

COLM. Tá feabhas uirthi, an t-aon fheabhas amháin a d'fhéadfadh a dhul uirthi, an bhean bhocht, tá sí marbh.

MÁIRE. Cathain . . . ?

COLM. Cathain a fuair sí bás? Fan go bhfeicfidh mé . . . Suas le bliain ó shin. Sea . . . Fuair sí bás i Meán Fómhair seo caite. Cathain a d'imigh tusa?

MÁIRE. Lúnasa.

COLM. Tamall gearr ina dhiaidh sin a fuair sí bás, más ea. Is aisteach liom nach bhfuil an scéal cloiste agat. Sea, cailleadh í i Meán Fómhair seo caite. Tá Pádraig ina bhaintreach le bliain — tóir ar na cailíní arís aige. Táim ag ceapadh go bhfuil an-tóir ag an máistreás óg air.

MÁIRE. Gabh mo leithscéal, caithfidh mé imeacht anois.

COLM. Ach, a Mháire, níor bhlais tú an caife . . .

MÁIRE. Tá obair le déanamh agam. Go raibh maith agat. Slán agat.

Imíonn MÁIRE. *Caitheann* COLM *airgead ar an mbord agus imíonn sé. Glanann na* CAILÍNÍ FREASTAIL *an bord agus imíonn siad. Tagann* MÁIRE. *Suíonn sí ag an mbord agus cromann sí ar scríobh.*

MÁIRE. A Phádraig, a chroí liom, cad a déarfaidh mé leat? A bhfuil i mo chroí duit ní féidir é a chur ar pháipéar . . . Dúirt tú liom gan scríobh chugat . . . d'ainm a lua . . . Is mise do bhean agus caithfidh mé rud a dhéanamh ort . . . Ní scríobhfaidh mé chugat, a Phádraig, mar go bhfuil a fhios agam go dtiocfaidh tú chugam. Tiocfaidh tú chugam aon lá feasta. Tá tú saor anois. Tiocfaidh tú lá éigin, uair éigin. Tá a fhios agam go dtiocfaidh tú . . . go luath.

Cloistear glór PHÁDRAIG *amuigh.*

PÁDRAIG. Ná téigh suas an staighre sin. Is fuath liom staighrí.

Tagann MAILÍ.

MAILÍ. A Mháire, casadh beirt orm sa tsráid agus thug mé liom abhaile iad. B'fhéidir go ndéanfá caint le duine acu, go fóill. Fear breá galánta é. Máistir scoile . . . Bígí istigh, a bhuachaillí.

Imíonn MAILÍ. *Tagann* PÁDRAIG. *É beagán ólta.*

PÁDRAIG. Cé thusa? Hé! Tá aithne agam ortsa . . . Tusa Máire Ní Chathasaigh.

MÁIRE. A Phádraig — bhí a fhios agam go dtiocfá — bhí a fhios agam . . . A Phádraig . . . nach bhfuil tú chun rud ar bith a rá liom?

PÁDRAIG. Cad a bheadh le rá agam?

MÁIRE. Ach . . . ach . . . an méid ar ghabh mé tríd ó shin. Thit an teach anuas orm féin agus ar Phádraigín.

PÁDRAIG. Pádraigín?

MÁIRE. Ní fhéadfainn gan Pádraigín a bhaisteadh uirthi . . . ar m'iníon agus d'iníonsa.

PÁDRAIG. M'iníonsa. A Chríost . . . m'iníonsa.

MÁIRE. Is í an leanbh is gile agus is gleoite dá bhfaca tú riamh í. Is dealrach leat í . . . Fan, fan, a Phádraig. Dúiseoidh mé í. Ní dhéanfaidh sí gol. Is annamh a dhéanann sí gol.

PÁDRAIG. Ná déan. Ní mian liom í a fheiceáil.

MÁIRE. Ach . . . ach is leatsa í . . . d'iníon . . . chuir tú fáinne ar mo mhéar. 'Leis an bhfáinne seo déanaim thú a phósadh.'

PÁDRAIG. Táim pósta. Phós mé leathbhliain ó shin . . . Phós mé athuair.

MÁIRE. Phós tú bean eile . . . An mháistreás scoile . . . ? An mháistreás óg.

PÁDRAIG. Sea.

MÁIRE. (*Í ag labhairt go mall*) Ní do mo lorgsa a tháinig tú anseo . . . Is amhlaidh a tháinig tú le Mailí . . . go teach an mhíchlú . . . agus tú ar do laethanta saoire sa chathair . . . Bhí ort í siúd a phósadh . . . Mheall tú í, mar a mheall tú mise, agus bhí ort í a phósadh.

PÁDRAIG. Ní fíor sin.

MÁIRE. Ní fearr í ná mise.

PÁDRAIG. Is beag is ionann sibh — a striapach.

Tagann COLM *agus* MAILÍ. *Buidéal ag* COLM.

COLM. Pádraig Mac Cárthaigh. Cá bhfuil Pádraig Mac Cárthaigh? Seo, a chailíní, ólaimis sláinte Phádraig Mhic Cárthaigh. Fear fáidhiúil. Fear fuinniúil groí. Bean á cur agus bean á pósadh in aon bhliain amháin aige. Seo sláinte Phádraig Mhic Cárthaigh. Chuir sé bean agus phós sé bean. Seo libh, ólaimis sláinte gach óinsín tuaithe ar leor focal bog bladrach chun í a mhealladh.

MAILÍ. Mise.

COLM. (*Le* MÁIRE) Níl tusa ag ól. Seo, ól braon de sin. Hé! Tusa atá ann! . . . Máire Ní Chathasaigh . . . A Phádraig, Máire Ní Chathasaigh, féach.

PÁDRAIG. Téanam ort as seo.

(*Brostaíonn sé amach é*)

MAILÍ. (*Í ag glaoch ina ndiaidh*) Hé! Cá rachaidh sibh? Fanaigí! Fanaigí!

Imíonn MAILÍ.

Cloistear 'Siúil, a ghrá' *á chanadh lasmuigh den stáitse. Téann* MÁIRE *suas an staighre go mall.*

RADHARC 7

Fianaise Mhailí

MAILÍ. (*Í ag tabhairt fianaise*) Fuair mé boladh an gháis i mo sheomra féin in airde an staighre. Síos liom. Bhí cúisíní sáite faoin doras aici agus píosa ceirte sáite isteach i bpoll na heochrach. D'oscail mé an doras. Ba dhóbair go leagfaí mé le neart an gháis ar fud na háite. D'fháisc mé ciarsúr fliuch thar mo bhéal agus isteach liom. Bhí mé ródhéanach.

Bhí ceann an linbh san oigheann aici agus an gás ag éalú ina lán-neart. Mharaigh sí an leanbh — an leanbh a raibh an oiread sin ceana aici uirthi. Mharaigh sí an oíche léanmhar sin í. Bhí cosa an linbh fáiscthe lena hucht aici agus an bheirt acu fuar marbh romham . . . Ní cheadódh sí an leanbh a dhul uaithi i ndorchacht na síoraíochta gan í féin a dhul in éineacht léi.

MAILÍ *ag gol.*

GLÓR MHÁIRE. Mharaigh mé mo leanbh de bhrí gur chailín í. Fásann gach cailín suas ina bean. Ach tá m'iníon saor. Tá sí saor. Ní bheidh sí ina hóinsín bhog ghéilliúil ag aon fhear. Tá sí saor. Tá sí saor. Tá sí saor.

Cloistear creill an bháis.

RADHARC 8

An Reilig

*Na h*Aisteoirí go léir *i láthair.*

aturnae 2. An coiste cróinéara a d'iniúch an scéal is í breith a thug siad ná dúnmharú agus féinmharú. Ní raibh ag an gCróinéir ná ag a choiste ach an fhianaise a tugadh os a gcomhair. Ach sibhse, a bhfuil na cúrsaí ar fad ar eolas agaibh, cé is dóigh libh is ceart a chiontú?

máthair. Ná bítear ag féachaint ormsa. Ní ormsa is cóir an milleán a chur. Thóg mise í go creidiúnach agus go críostúil. Cad eile a d'fhéadfainn a dhéanamh di? (*Imíonn* An Mháthair)

seán. Náirigh sí sinn. Bhí orm éirí as an tsagartóireacht. Ní fhéadfainn aghaidh a thabhairt ar mo chomrádaithe sa choláiste . . . (*Imíonn sé*)

liam. Bhris Beití an cleamhnas a rinneadh dúinn. Níor fhéad sí an phoiblíocht a sheasamh. (*Imíonn sé*)

bainisteoir. Chuir mise ag glanadh na leithreas í. Ach caithfidh duine éigin iad a ghlanadh. (*Imíonn sé*)

bean uasal. Ní fhéadfainn í a choinneáil sa teach. Cad a déarfadh na comharsana? (*Imíonn sí*)

oibrí sóisialta. Rinne mise mo dhícheall di. Ach bhí sí stuacach ceanndána. Ní scarfadh sí leis an leanbh. (*Imíonn sí*)

seáinín. Bhris sí na rialacha. An té a bhriseann rialacha an chluiche, cailltear ann é. (*Imíonn sé*)

BEAN 2. Nach uaigneach an tsochraid a bhí aici.

BEAN 3. An bheirt acu in aon chónra!

BEAN 1. Ba bhrónach an radharc é!

BEAN 2. Go bhfóire Dia ar an gcréatúr.

BEAN 3. Trócaire go raibh ar a hanam.

(*Imíonn na* MNÁ)

MAILÍ. Cailín dílis a bhí inti. Níor inis sí riamh ainm an fhir a bhréag í. Thug sí an rún sin isteach san uaigh léi. Pé hé féin ba chóir go mbeadh aithreachas air . . . Go ndéana Dia trócaire ar a hanam agus ar anam gach peacaigh eile mar í. Go ndéana Dia trócaire orthu araon.

Imíonn MAILÍ. *Cloistear 'Siúil, a ghrá' á chanadh go bog binn. Tagann* PÁDRAIG. *Seasann ar bhruach na huaighe ar feadh nóiméid gan aon fhocal a rá. Casann cába a chóta aníos thar a mhuineál agus imíonn.*

BRAT